## ARCHITEIKTURR

*Arr, di Arr, di Arrckitucktn –*
*jarr, di sünd tautul pfarrucktn.*
*Pauhn onz euburoll Quaduren,*
*vo se gurrnücht henngehuren.*
*Vn demm Hurrz büsz ze denn Ullpen*
*snd di Häusur steitz di sullpn.*
*Duch die Arrckitucktn tschumpfn:*
*Onzre Pauhörrn snd di Tumpfn!*
*Olle zullte mon kasstruren,*
*düßße auff ze pauhin huren;*
*odur stott ünn rachtn Winkuln*
*se dönn pauhin, wi se pinkuln.*
      Matthias Koeppel (1979)

© 2011 für diese Ausgabe by : TRANSIT Buchverlag GmbH, Berlin

www.transit-verlag.de

Umschlaggestaltung, unter Verwendung des Bildes
»Le château de cartes«, um 1731 von Jean Baptiste Siméon
Chardin (Musée du Louvre, Paris © akg-images / Erich Lessing),
und Layout: Gudrun Fröba
Druck und Bindung: Pustet, Regensburg
ISBN 978-3-88747-254-2

# Unsere Architekten

Feinste Verrisse von Cicero bis Kurt Tucholsky

Zusammengestellt von Ursula Muscheler

**: TRANSIT**

# Inhalt

*Vorwort* 6

## Am Pranger

# Vorwort

Nicht immer kleidet sich Architekturkritik in ein feines literarisches Gewand, bisweilen kommt sie sogar recht handfest daher. So wurde 1972 die erst zwanzig Jahre zuvor gebaute Wohnsiedlung des Architekten Minoru Yamasaki in Pruitt-Igoe, Missouri, in staatlichem Auftrag gesprengt. Ursprünglich als soziales Pilotprojekt, inmitten eines heruntergekommenen Quartiers errichtet, Teil der Lösung, war sie bald Teil des Problems geworden. Die Häuser waren zu eng, zu hoch, zu schlecht isoliert. Vor allem die verglasten Laubengänge – eine Hommage an Le Corbusiers Wohnmaschinen – wurden von den Bewohnern strikt abgelehnt.

Yamasakis Bauten war auch sonst kein glückliches Los beschieden. 2001 fielen seine weltberühmten Glastürme für das World Trade Center den Flugzeugattentätern des Elftenseptember zum Opfer und innerhalb weniger Minuten in sich zusammen. Peter Hacks, das *enfant terrible* der Literatur, sah darin in etwas zynischer Überspitzung die Geburtsstunde der bemannten fliegenden Architekturkritik und bat einen Freund, ihm zur Postanschrift Osama bin Ladens zu verhelfen. Er habe Dringendes zur Neugestaltung des Potsdamer Platzes mit demselben zu besprechen.

Schon Bertolt Brecht ließ seinen Herrn Keuner einen Architekten beruhigen, der Bedenken hatte, einen von kleinbürgerlicher Kunstauffassung inspirierten Bauauftrag anzunehmen, da der Fehler Hunderte von Jahren stehen bleibe. Er solle ruhig bauen und auf die gewaltige Entwicklung der Zerstörungsmöglichkeiten vertrauen. Die mache aus seinen Bauten recht unverbindliche Vorschläge.

Wenden wir uns von den einstürzenden Neubauten ab und der weniger brachialen literarischen Klage zu, zeigt sich: Auch sie bietet noch reichlich Stoff, aus dem die Albträume der Architekten gestrickt sind. Doch was ist das eigentlich, ein Architekt? Einer, der es wissen muß, Leon Battista Alberti, der große Architekturtheoretiker der Renaissance, definierte ihn als einen, der gelernt hat, mittels eines Planes zu bestimmen und umzusetzen, »was unter der Bewegung von Lasten und der Vereinigung und Zusammenfügung von Körpern den hervorragendsten menschlichen Bedürfnissen am ehesten entspricht.«

Eine, wie es scheint, auf unerwartete Weise noch immer gültige Definition. Verweist sie doch genau auf jene Fähigkeiten, die den Architekten zu allen Zeiten von vielen rundweg abgesprochen wurden: gute Ideen, gelingende Umsetzung und die Befriedigung menschlicher Bedürfnisse. Denn bei näherer Betrachtung zeigt sich: Der Ruf »unserer Architekten« war nicht immer und ist auch heute nicht gut. Warum das so ist und wie genau, wollen wir uns von ihren sprachmächtigsten Kritikern, den Schriftstellern und Philosophen, erklären lassen.

In loser Folge versammelt das Buch feinste Verrisse aus vielen Jahrhunderten, von Cicero bis Kurt Tucholsky, bietet bewährte Topoi literarischer Architektenschelte und frischt liebgewonnene Ressentiments wieder einmal auf. Wie ein roter Faden der Abneigung ziehen sich die Klagen über die Architekten und ihre Bauten durch die Texte und Zeiten: zu billig, zu teuer, zu banal, zu protzig, zu eckig, zu rund. Und durch sie hindurch vermeint man immer wieder die Mahnung Peter Altenbergs zu hören:

> »Häuser werden zum Bewohntwerden errichtet,
> meine Herren Architekten.«

# Unsere Architekten

## HANDRY, DER ARCHITEKT
*Ursula Muscheler*

Wenn heutzutage in hervorhebender Weise von Architekten die Rede ist, dann geht es fast immer um Star-Architekten. Sie bilden die neue Spezies, die, wo immer sie auftaucht, Provinzstädte zu Provinzpossen verführt und Provinzbürgermeister zu Provinzpotentaten mutieren lässt. Die anderen Architekten aber, die Nicht-Stars, bleiben meist namenlos, nicht weil sie keine Namen hätten, sondern weil sie keiner sich merkt. »Der Architekt« heißt dann in den meist negativ gestimmten Meldungen über Bauzeitverlängerung und Kostenüberschreitung lapidar die Kategorie der Erfolglosen, wie man auch von der Putzfrau spricht und nicht von Frau Müller.

Den ganz gewöhnlichen Architekten gibt es als tragende Figur derzeit nur noch im Film, wo sich familiärer Verfall und Schaffenskrise auf dem meist dekorativen Gesicht des Protagonisten eindrucksvoll abzeichnet. »Schmerzensmänner mit Hornbrillen« nennt die Filmkritik diese neuen Symbolfiguren des Scheiterns. Denn längst steht der Architekt auch im Film nicht mehr als großer Held hoch über den ameisenhaft herumwuselnden Durchschnittsmenschen auf dem Dach seines Wolkenkratzers wie in *Fountainhead*. Längst verkörpert er nicht mehr das von der phantasielosen Menge unverstandene Genie, sondern den modernen Großstadtdesperado, der letztlich an materieller Machtlosigkeit kombiniert mit selbstquälerischem Idealismus scheitert.

Zeit, sich wieder an einen Architekten zu erinnern, der zwar der Phantasie Graham Greenes entsprungen ist, aber genauso gut heute und unter uns leben könnte. Ihm sollte der Sprung vom Nobody zum Star gelingen – doch welches war sein Preis?

In der Erzählung *Das neue Haus* führt der Architekt Handry seit dreißig Jahren ein unauffälliges Leben in einem Provinzkaff und baut Cottages für die Landbewohner. Plötzlich bekommt er von Mr. Joseph, dem großen Zeitungsmagnaten, die Chance, sich durch einen genialen Entwurf einen Namen zu machen. Er müht sich, denn er weiß, es ist die Chance seines Lebens. All sein Herzblut legt er in diesen Entwurf, der sein Meisterwerk werden soll. Aufgeregt legt er ihn Mr. Joseph, seinem Auftraggeber, vor und wartet auf den ersten

Ausruf heller Freude, »wartet in nervöser, schamhafter Hoffnung wie eine Mutter, die der Außenwelt ihr Erstgeborenes präsentiert.« Doch kein Lob kommt, keine Begeisterung bricht aus. Es ist nicht, was Mr. Joseph sich vorstellt. Er will etwas, das mehr ins Auge fällt, etwas in Granit und mit korinthischen Säulen. Eine große Geste, und überhaupt: »Ich will etwas, das etwas größer ist in der Konzeption, etwas, das man schon sehen kann, wenn man noch meilenweit entfernt ist. Einen Markstein, Handry.«

Handry ist am Boden zerstört. Gequält rollt er die Pläne zusammen und will den Auftrag zurückgeben. Doch Mr. Joseph erinnert ihn an Frau und Kinder, er habe schließlich eine Familie zu ernähren, und daran, dass ein Architekt die Wünsche seines Klienten immer über die eigenen stellen sollte, denn er ist es ja, der bezahlt. Handry protestiert, doch er weiß: »Bald würde er zurückgekrochen kommen, verlegene Entschuldigungen murmeln und den Verrat doch begehen.«

Jahre später betrachten zwei Radfahrer das Haus auf dem Hügel, das nach den Wünschen Mr. Josephs entstanden ist, und beklagen seine Scheußlichkeit, die die schöne Landschaft verschandle. Sein Architekt müsse ein völlig unbegabter Durchschnittsprovinzler ohne Kunstverstand gewesen sein.

In ihrer Nähe steht ein sonderbarer kleiner Mann, der sie anspricht und das Haus verteidigt. »Es ist recht hübsch, finde ich, und Sie? Es ist so imposant und solch ein Markstein. Man kann es schon sehen, wenn man noch meilenweit entfernt ist, tatsächlich meilenweit. Es gab einmal eine Zeit, da mochte ich es nicht, aber ich hatte auch verquaste Vorstellungen damals.« Und plötzlich tritt ein Strahlen in seine Augen, und er richtet sich stolz auf. »Ich bin Handry, wissen Sie. Der Architekt.«

## MITTEL VERGEUDEN
*Publius Cornelius Tacitus*

Nero aber machte sich die Zerstörung seiner Vaterstadt zu nutze, indem er sich einen Palast erbaute, in dem weniger Edelsteine und Gold, was schon längst zum üblichen verbreiteten Luxus zählte, bewundert werden sollten als Grünanlagen und Teiche und, als ob man in menschenferner Gegend wäre, Waldbestände abwechselnd mit offenen Flächen und mit Fernsicht. Die Aufsicht über diese Anlagen sowie ihre Planung lagen in den Händen des Severus und Celer, die über die Erfindungskraft und auch über die Kühnheit verfügten, auch was die Natur versagt hatte, durch Kunst zu versuchen – und die Mittel des Princeps zu vergeuden.
(110 n. Chr.)

*Auf dem Manilianum fand ich Diphilus*
*sich selbst an Saumseligkeit übertreffend;*
*immerhin fehlte ihm nur noch das Bad,*
*die Wandelhalle und das Vogelhaus (…)*
*Die Säulen hatte Diphilus nicht lotrecht*
*und auch nicht genau einander gegenüber-*
*gestellt. Die muss er also wieder abreißen;*
*er wird es schon noch lernen, mit Lot und*
*Richtschnur umzugehen! Auf jeden Fall*
*hoffe ich, dass Diphilus in einigen*
*Monaten mit seiner Arbeit fertig wird.*
MARCUS TULLIUS CICERO (55 v. Chr.)

## KOSTEN, SO EBENHIN
### *Aulus Gellius*

Ich erinnere mich noch gut an die Visite, die ich einmal zusammen mit Julius Celsinus, einem Numidier, dem Cornelius Fronto abstattete, als diesen gerade sein schweres Fußleiden plagte. Man ließ uns vor, und wir trafen ihn auf einem griechischen Ruhebett liegend an, in der Gesellschaft von Wissenschaftlern, Adligen und Hochbegüterten. Mehrere der zum Bau neuer Badeanlagen angestellten Architekten waren anwesend und zeigten Pergamentmappen mit verschiedenen Entwürfen von Badeanlagen herum. Als sich der Bauherr endlich für eine Form und Ausführung entschieden hatte, fragte er nach den zu erwartenden Kosten der gesamten Anlage. Auf die Auskunft des Architekten, dass etwa dreihunderttausend Sesterzien aufgebracht werden müssten, bemerkte einer von Frontos Freunden: »Und so ebenhin noch weitere fünfzigtausend!

(um 155 n. Chr.)


N*ero soll ganz absonderliche Architekten verwendet haben, denen nichts einfiel, als was die Leute kaum ausführen konnten. Dies billige ich keineswegs, sondern sie sollen zu erweisen trachten, dass sie immer in jedem Falle der Nützlichkeit und Einfachheit den Vorzug geben wollten. Ja sogar, wenn einer nur des Schmuckes halber alles gemacht hat, so soll er es dennoch so durchführen, dass man nicht leugnen kann, er habe es vor allem der Nützlichkeit wegen gemacht. Ich werde es auch billigen, wenn neuen Erfindungen die bewährten Weisen der Alten, und diesen neue geistreiche Einfälle nicht fehlen.*
LEON BATTISTA ALBERTI (1452)

## Ein ganzer Marmorberg
*Johann Wolfgang von Goethe*

Leider suchen alle Nordischen Kirchenverzierer ihre Größe nur in der multiplizierten Kleinheit. Wenige verstanden diesen kleidlichen Formen unter sich ein Verhältnis zu geben; und dadurch wurden solche Ungeheuer wie der Dom zu Mailand, wo man einen ganzen Marmorberg mit ungeheuren Kosten versetzt, und in die elendesten Formen gezwungen hat, ja noch täglich die armen Steine quält, um ein Werk fortzusetzen, das nie geendigt werden kann, weil der erfindungslose Unsinn, der es eingab, auch die Gewalt hatte, einen gleichsam unendlichen Plan zu bezeichnen.

(1724)

*Schauen Sie sich den großen Dom von Florenz an – ein riesiges Gebäude, das seit fünfhundert Jahren die Börsen seiner Bürger aushöhlt und noch nicht annähernd fertig ist. Dreihundert glückliche, behaglich lebende Priester sind im Dom beschäftigt.*
Mark Twain (1867)

## SCHLIMMER ALS DIE DEUTSCHEN
*Giorgio Vasari*

Neben anderen offenkundigen Leistungen, die hell leuchten wie
das Licht des Tages, hat er [Michelangelo] mit Leichtigkeit unebene
Plätze begradigt und die Missgestalt vieler Bauwerke und anderer
Objekte in etwas Vollkommenes umgewandelt, indem er die Makel von Kunst und Natur mit anmutigen und einfallsreichen Ornamenten kaschierte. Anstatt diese Werke urteilskräftig zu beherzigen
und nachzuahmen, haben gewisse plebejische Architekten unserer
Zeit in schnöder Anmaßung ohne disegno und ohne die mindeste
Beachtung von Angemessenheit, Kunstfertigkeit und Ordnung ihre
monströsen Werke aufs Geratewohl hervorgebracht, die schlimmer
sind als die deutschen.

(1550)

Welchem Lehrer du deinen Sohn vertrauen
*sollst, forschst und fragst du besorgt schon lange,*
*Lupus. Die Grammatiker und Rhetoren meide*
*alle, mahn ich, und dass er nichts zu tun hat*
*mit des Cicero Büchern oder Maros.*
*Beim Tutilius lass er seinen Ruhm nur!*
*Macht er Verse, enterbe du den Dichter!*
*Will er Künste erlernen, die gewinnreich,*
*lass ihn Zither und Flöte spielen lernen.*
*Hat der Junge einen harten Schädel, mach ihn*
*zum Ausrufer und sonst zum Architekten.*
MARCUS VALERIUS MARTIALIS (um 85 n. Chr.)

## STUCKFIRLEFANZ
*Giovanni Pietro Bellore*

Wie nahe steht die Hässlichkeit der Schönheit, wie nahe berühren die Laster die Tugenden! Diese traurige Feststellung bestätigt sich im Sturz des Römischen Reiches, mit dem auch die Künste niedersanken und am tiefsten von allen die Architektur. Denn die Bauleute der Barbaren verachteten die griechischen und römischen Vorbilder und Ideen ebenso wie die schönsten Denkmäler der Antike und tobten sich jahrhundertelang in den verschiedensten phantastischen Ordnungen dermaßen aus, dass durch rohe Unordnung die Architektur selbst zur Missgestalt wurde.

Bramante, Raffael, Baldassare Peruzzi, Giulio Romano und zuletzt Michelangelo erhoben die Architektur aus heroischen Ruinen zur ursprünglichen Idee und Gestalt, indem sie den antiken Gebäuden die elegantesten Formen entnahmen. Und heute? Anstatt für die unübertreffliche Weisheit jener Männer Dankbarkeit zu zeigen, werden sie zugleich mit den Alten verachtet, mit dem Vorwurf, der eine habe den anderen ohne Ingenium und ohne Erfindung kopiert. Jedermann heckt in seinem Kopf auf seine Weise eine neue Idee oder Larve der Architektur aus und stellt sie öffentlich zur Schau – Menschen, die nichts von Architektur verstehen und sich dennoch die Bezeichnung ›Architekt‹ anmaßen. Sie verunstalten die Gebäude und selbst die Städte, sie schänden alte Erinnerungen, sie toben sich aus in Winkelhäufungen, Formsplittern, Linienverrenkungen und verunzieren Basis, Schaft und Kapitell der Säulen mit Stuckfirlefanz und bröckligem Krimskrams oder zerstören die Proportionen.
(1664)

## SOFORT KOMMT DER ARCHITEKT MIT SEINEN SÄULEN
### Louis-Sébastien Mercier

Gibt es ein schöneres Bauwerk als das Straßburger Münster? Welch ein Wagemut, welche Leichtigkeit! Mit welch kunstvoller Abstufung hat sich der Mensch hier in die Lüfte erhoben und beherrscht die weiteste, üppigste der Ebenen! Die erhabenen Empfindungen entspringen aus diesem Stil, der die Einbildungskraft in seinen Bann schlägt.

Wie eintönig ist dagegen die Phantasie unserer Architekten! Wie sehr leben sie von Kopien, von ewigen Nachahmungen! Noch das geringste Gebäude müssen sie mit Säulen umgeben, immer nur Säulen, so dass sich die Bauwerke nicht mehr voneinander unterscheiden. Mehr oder weniger gleichen sie alle Tempeln. Der Portikus des Italienischen Theaters ist nach dem gleichen Vorbild errichtet wie derjenige der Basilika Sainte-Geneviève. Hinter den majestätischen Säulen der Chirurgenschule verbirgt sich ein langer Hörsaal, in dem Leichen seziert werden. Dieser Schildbürgerstreich ist umso sträflicher und tadelnswerter, als der Bau nur wegen des Hörsaals aufgeführt wurde. So ist die Hauptsache durch einen unverzeihlichen Missgriff sekundär geworden, und die Säulen haben das eigentliche Gebäude verdrängt.

Dieser Luxus ist widersinnig und geschmacklos, entstellt alle gemeinnützigen Bauvorhaben und kostet riesige, unnütz verschwendete Summen. Man wagt kein öffentliches Gebäude mehr in Angriff zu nehmen. Sofort kommt der Architekt mit seinen Säulen (...)

Sollte man solche Architekten nicht verbannen, die für Schwalben anstatt für Menschen bauen, die alle Steinbrüche der Umgebung sinnlos ausplündern und um der frostigsten Wirkung willen große Summen verschleudern, den verfügbaren Raum einschränken und nur luftige, imaginäre Wohnstätten errichten? (...)

Der Architekt spricht nur von den Schönheiten Roms und möchte den reichen Bürger im Stil der Cäsaren unterbringen. Der Bürger aber muss seinen Grundbesitz verkaufen, um dies absurde Haus bezahlen zu können.

Der von solchem Fieberwahn geplagte Architekt ist demnach ein äußerst gefährliches Wesen für die Regierung; jeder Monarch und

Freund seines Volkes muss einen solchen Künstler als Räuber des Kronschatzes und der Gelder seiner Untertanen ansehen. Die Könige selbst haben keinen größeren Feind, denn der Ruhm Ludwig XIV. ist durch seine Architekten zerstört worden.

(1784)

Mein Gott, Cäsarine, der Vater ruiniert sich und uns! Einen Architekten hat er engagiert, der einen Schnurrbart trägt und vom Schaffen unsterblicher Bauwerke schwatzt. Er will das ganze Haus umkrempeln und einen Louvre daraus machen!

HONORÉ DE BALZAC (1837)

## VERSCHLIMMERUNGSWERK
*Victor Hugo*

Gewiss, die Nôtre-Dame-Kirche ist noch immer ein majestätischer und erhabener Bau. Doch wie viel sie auch im Älterwerden von ihrer Schönheit bewahrt hat, wie sollte man nicht trauern, ja aufbegehren, angesichts der Schäden und Verstümmelungen ohne Zahl, die die Zeit und die Menschen dem ehrwürdigen Denkmal einträchtig zugefügt haben. (…)

Wenn wir die Muße hätten, miteinander die an der alten Kirche verübten Zerstörungen einzeln zu untersuchen, erwiese es sich, dass die Zeit den geringeren Anteil daran hat, der Mensch, insbesondere die so genannte Fachwelt, den größeren. Denn von Fachleuten muss ich insofern sprechen, als es in den beiden vergangenen Jahrhunderten Menschen gegeben hat, die sich Architekten nannten. (…)

Zusammenfassend stellen wir also dreierlei Schäden fest, die heute den gotischen Bau entstellen. Die Falten und Warzen seiner Haut sind das Werk der Zeit; Gewalttaten, Grobheiten, Quetschungen, Knochenbrüche sind die Folgen politischer Unruhen von Luther bis Mirabeau; Verstümmelungen, Amputationen, Verrenkungen von Gliedern, »Restaurierungen« – das sind die griechischen, römischen und barbarischen Überarbeitungen der Nachfolger des Vitruvius und der Jünger Vignolas. Akademien haben diese herrliche, einst von Vandalen erzeugte Kunst vernichtet. Zu den Jahrhunderten und den Revolutionen, die wenigstens unparteiisch und mit Würde zerstörten, hat sich der Schwarm der geschulten, diplomierten und zünftigen Architekten gesellt, die ihr Verschlimmerungswerk wählerisch und nach Maßgabe des schlechten Geschmacks betrieben.

(1831)

## PANTOMIME DES GELDZÄHLENS
### *Ferdinand Raimund*

*Gründling:* Wissen Sie nicht, Herr Kammerdiener, ob Herr von Flottwell meinen Plan zu dem Bau des neuen Schlosses für gut befunden hat?

*Wolf:* Er hat ihm sehr gefallen. Nur hat sich der Umstand ereignet, dass ihm auch ein anderer Baumeister einen ähnlichen Plan vorgelegt hat und sich erbietet, das Schloss in derselben Größe um zehntausend Gulden wohlfeiler zu bauen.

*Gründling:* Das tut mir leid, aber als ehrlicher Mann kann ich es nach seinen Anforderungen nicht wohlfeiler bauen. Ich übernehme diesen Bau überhaupt mehr aus Ehrgeiz als aus Gewinnsucht; hat aber Herr von Flottwell einen Künstler gefunden, von dem er sich Schöneres oder Besseres verspricht, so werde ich mich zu bescheiden wissen.

*Wolf:* Das heißt, es ist Ihnen nichts daran gelegen?

*Gründling:* Im Gegenteil, es ist meiner Ehre sehr viel daran gelegen.

*Wolf:* Ja, dann müssen Sie Ihrer Ehre auch ein kleines Opfer bringen.

*Gründling:* Es wäre sehr traurig für die Kunst, wenn es mit ihr so weit gekommen wäre, dass die Künstler Opfer bringen müssten, um Gelegenheit zu finden, ein Kunstwerk hervorzubringen. Die Kunst zu unterstützen, ist ja der Stolz der Großen, und eine ökonomische Äußerung wäre an dem geldberühmten Herrn von Flottwell etwas Unerhörtes.

*Wolf:* Sie verstehen mich nicht, Herr Baumeister …

*Gründling:* Genug! Morgen will ich mit Herrn von Flottwell selbst darüber sprechen. Glauben Sie aber nicht, Herr Kammerdiener, dass ich ein Mann bin, der nicht zu leben versteht. Sollten Sie sich für die Sache bei dem gnädigen Herrn glücklich verwenden, so werde ich mich sehr geehrt fühlen, wenn Sie ein Geschenk von hundert Dukaten nicht verschmähen wollen. (…)

*Sockel:* Guten Morgen, Herr von Wolf! Sie haben mich rufen lassen; ich wär schon gestern gekommen, aber ich hab ein Haus stützen müssen, was ich vor zwei Jahren erst gebaut hab. Verstanden? Ich sag Ihnen's, man möcht jetzt lieber Holz hacken als Häuser bauen.

Erstens brennen's Ziegel – wenn man einem nur ein unbeschaffenes Wort gibt, so fallt er schon voneinander. Nachher wollen's immer eine Million Zins einnehmen, lauter Zimmer, keine Mauern. Verstanden? Drum sind manche modernen Häuser auch so dünn, als wenn's bloße Futterale über die alten wären. Hernach hat halt ein Baumeister vor Zeiten auf solide Einwohner rechnen können, aber jetzt zieht sich ja manchmal ein Volk hinein, das nichts als rauft und schlagt, Tisch und Stühl umwirft und das Unterste zuoberst kehrt. Ja, wo soll denn da ein Haus die Geduld hernehmen, da wird's halt springgiftig, und endlich fallt's vor Zorn zusamm. Verstanden?

*Wolf:* Das ist alles ganz recht, aber jetzt lassen Sie uns vernünftig reden.

*Sockel:* Erlauben Sie, aber meine Reden sind ein wahrer Triumph der Vernunft. Verstanden?

*Wolf:* Ich habe Ihnen die unangenehme Nachricht zu sagen, dass Sie den Bau des Schlosses nicht bekommen werden.

*Sockel:* Hören Sie auf, oder ich stürz zusamm wie eine alte Gartenmauer. Das ist ja nach unserer Verabredung nicht möglich! Verstanden?

*Wolf:* Der gnädge Herr will den Baumeister Gründling nehmen.

*Sockel:* Aber es war ja schon alles richtig. Ich hab Ihnen ja tausend G –

Wolf (rasch auf den Bedienten blickend): Nun ja, Sie haben mir da tausend Gründe gesagt, die –

*Sockel:* Nein, ich habe Ihnen versprochen –

*Wolf:* Ja (stampft unwillig mit dem Fuß), Sie haben versprochen, gute Materialien zu nehmen. Fritz, dort hat jemand geläutet. (Der Bediente geht in ein Kabinett ab.) Aber ich kann nicht dafür, dass ein anderer gekommen ist, der noch größere Versprechungen gemacht hat und das Schloss um zehntausend Gulden wohlfeiler baut.

*Sockel:* Aber das ist ja ein elender Mensch, der gar nicht zu bauen versteht. Ein hergelaufener Maurerpolier, ein Pfuscher, und ich bin ein Mann auf dem Platz. Verstanden?

*Wolf:* Es macht Ihnen sehr viel Ehre, dass Sie so über Ihren Kollegen schimpfen, aber das kann die Sache nur verschlimmern!

*Sockel:* Aber Sie bringen einen ja zur Verzweiflung. (Beiseite.) Ich kann den Bau nicht auslassen, er trägt mir zu viel ein. (Macht gegen das Publikum die Pantomime des Geldzählens.) Verstanden?

(Laut.) Liebster Herr Kammerdiener, ich weiß, es hängt nur von Ihnen ab. Der gnädige Herr bekümmert sich nicht darum, er ist zu leichtsinnig. Ich geb Ihnen tausend Gulden Konventionsmünze.

*Wolf:* Herr! – Was unterfangen Sie sich –

*Sockel:* Ich unterfange mich, Ihnen noch fünfhundert Gulden zu bieten.

*Wolf:* Sie häufen ja Beleidigung auf Beleidigung –

*Sockel:* Freilich, ich bin der brutalste Kerl auf der Welt. Aber jetzt bin ich schon in meiner Grobheit drin, ich muss Ihnen noch fünfhundert Gulden antragen.

*Wolf:* Halten Sie ein! Sie empören mich mit solchen unmoralischen Zumutungen!

(1834)

A*h! Auch der Hr. Architekt hat sich eingefunden! Ein Deutscher mit Schnurrbart, der seine Sache schlecht macht, – was Wunder! Übrigens, wozu soll er seine Sache auch gut machen, wenn er Bestechungsgelder einheimsen und möglichst viele Säulen hinstellen kann für die Säulen unserer Aristokratie!*

IWAN SERGEJEWITSCH TURGENJEW (1852)

## Erst Bohémien, dann Royalist
*Honoré de Balzac*

»Ah, da kommt ja auch mein Architekt, Herr Grindot!« Birotteau
wandte sich dem herantretenden jungen Mann zu, mit dem er am
Abend vorher eine Zusammenkunft verabredet hatte. »Sie sind gegen die Gewohnheit genialer Leute pünktlich!« Birotteau entfal-
tete seine ganze Kaufmannsliebenswürdigkeit. »Pünktlichkeit ist
die Höflichkeit der Könige! heißt es – und die Sparbüchse der Ge-
schäftsleute! möchte ich hinzusetzen. Zeit ist Geld – auch für euch
Künstler! Und die Baukunst, habe ich mir sagen lassen, ist die Königin aller Künste!«

Vier Jahre vorher hatte sich Grindot das Rom-Stipendium für Architekten errungen. Er war nun noch nicht lange aus der Kosmopo-
lis zurück, wo er sich drei Jahre auf Staatskosten aufgehalten hatte.
In Italien hatte der junge Künstler seinen Idealen angehört, in Paris musste er nunmehr an sein Fortkommen denken. Die Regierung
allein hat die Millionen, die ein Baukünstler zum Bau seiner Ruh-
mestempel braucht. Jeder, der aus Rom zurückkommt, hält sich für
einen Palladio oder Bramante. Und so ist es sehr natürlich, dass ein
ehrgeiziger Architekt dem Staatsdienste zuneigt. Aus manchem frei-
geistigen Bohémien wird ein sich hohe Gönner suchender Royalist,
selbst auf die Gefahr hin, von den Kollegen als Streber verschrien
zu werden. Grindot standen zwei Wege offen: dem Parfümhänd-
ler wirklich zu dienen, oder ihn auszubeuten. Mit dem Stadtver-
ordneten Birotteau, dem künftigen Besitzer der Baustellen an der
Madeleine, wo früher oder später ein vornehmes Viertel entstehen
musste, mit dem musste man vorsichtig umgehen! Grindot verzich-
tete somit um eines künftigen Vorteils willen auf den gegenwärti-
gen Gewinn. Geduldig hörte er die Pläne und Ideen Birotteaus an,
der sich in seiner Rede ewig wiederholte. Cäsar war für den jungen
Architekten einer jener Spießbürger, wie sie beständig die Zielschei-
be des Spottes der Künstler und der Gegenstand ihrer Verachtung
sind. Kopfschüttelnd hörte er ihm zu.

(1837)

## DUMMHEITEN UND EIFERSUCHT
### *Honoré de Balzac*

Der geneigte Leser hat vielleicht schon bemerkt, dass wir uns in der Kindheit oder auch in den ersten Anfängen unserer gesellschaftlichen Laufbahn mit eigener Hand ein Vorbild schaffen, oftmals ganz unbewusst und ohne dass wir uns darüber Rechenschaft ablegen. So träumt der Angestellte eines Bankhauses, wenn er den Salon seines Brotherrn betritt, davon, er könnte dereinst einmal genau den gleichen Salon besitzen. Kommt er zu Geld und bringt er's zu Reichtum, dann wird er zwanzig Jahre später beileibe nicht etwa den Luxus, der dann Mode ist, in seinem Hause anschaffen, sondern den altmodischen protzigen Prunk, der ihn seinerzeit fasziniert hatte. Man glaubt gar nicht, was für Dummheiten auf diese rückblickende Eifersucht zurückzuführen sind, wie man ja auch keine Ahnung von all den Torheiten hat, die aus solchen heimlichen Rivalitäten heraus begangen werden. Sie treiben die Menschen doch immer wieder dazu, dem Vorbild nachzueifern, das sie sich erkoren haben, ihre Kräfte im Bestreben, dem Mondlicht gleich zu glänzen, aufzuzehren. Crevel wurde nur deshalb Vizebürgermeister, weil der alte Birotteau, sein ehemaliger Prinzipal, dieses Amt bekleidet hatte, er war jetzt Bataillonskommandant, weil ihn nach den Achselstücken Cäsar Biratteaus gelüstet hatte. Auf Crevel hatten alle die Wunderdinge, die der Architekt Grindot hergezaubert hatte, als sein Prinzipal noch hoch oben auf dem Glücksrad thronte, einen unverlöschlichen Eindruck gemacht, und so hatte er denn auch nicht lange gefackelt, wie er sich in seiner derben Sprache ausdrückte, sondern als es galt, seine Wohnung aufzutakeln, hatte er sich mit geschlossenen Augen und weit offener Geldbörse an Grindot gewandt, der damals längst völlig in Vergessenheit geraten war. Es ist unglaublich, wie lange erloschener Ruhm weiterleben kann, wenn ihn Bewunderer aufrecht erhalten, die hinter ihrer Zeit herhinken.

(1846)

## MONUMENT EINES GENIALEN KÜNSTLERS
*Georg Weerth*

»Ich stürze vor die Tür und beschaue mir meinen Stall einmal von oben bis unten – die Leute hatten recht. Die Geschichte ist fürwahr einer Judenschule, einem Venustempel oder einem Grabmale ähnlicher als einem Pferdestall, und voller Wut springe ich auf den Architekten los, um ihn an die Gurgel zu fassen. Dass ich mich nicht wirklich an ihm vergriffen habe, ist ein Wunder. Aber der Mann, oder besser gesagt dieser abscheuliche Schwindler, machte ein sehr ernsthaftes Gesicht und erklärte mir alle Vorteile und Schönheiten seines Meisterwerks mit so unendlicher Ruhe und Gelassenheit, dass ich unwillkürlich stutzte und nicht mehr wusste, was ich sagen sollte. »Ja, ich glaube, mir ein Monument durch diesen Stall gesetzt zu haben!«, rief er zum Schlusse, indem er den Kopf stolz in den Nacken warf. Sprach's und verschwand, und wie sich's von selbst verstand, musste ich sein Monument bezahlen, mit, Gott verzeih mir, 1800 Talern Preußisch Kurant und einigen Silbergroschen.«

»Ich weiß«, seufzte der Buchhalter.

»Aber hiermit war der Skandal noch nicht zu Ende. Denn als endlich der liebe Schimmel in seinem neuen Stalle steht und der liebe Fuchs an die schöne Krippe gebunden wird und der Hengst seinen Platz einnehmen soll: da findet es sich plötzlich, dass das Monument so liederlich enge gebaut ist, dass auch die geduldigste Schindmähre keine zehn Minuten darin stehen kann, ohne rasend zu werden. Der Schimmel beschädigt sich schon in den ersten vierzehn Tagen dergestalt am linken Vorderfuße, dass ich ihn 15 Louisdor unter Kostpreis verkaufen muss. Der Fuchs hält es länger aus, da aber die Wände mit schneeweißen, glänzenden Fliesen ausgelegt sind und die Sonne durch das Glasdach schräg darauf hinunterprallt, so wird das arme Tier durch das ewige Flimmern und Blitzen in Zeit von einem halben Jahre so stockblind, dass ich schließlich froh bin, es für ein Glas Bier und ein Butterbrot an den ersten besten Droschkenkutscher loszuwerden. Und was den Hengst angeht – nun, das werden Sie nicht vergessen haben! Er wurde derart von allen Mängeln seines Stalles toll gemacht, dass er sich aufs Beißen und Schlagen verlegte und unserm Johann zwei Rippen zertrümmerte. Da hatte ich das Monument satt. Es wurde verändert und wieder verändert; aber umsonst! Zuletzt brachten wir die Gäule wieder in den alten Stall zurück. Das Monument stieg zur Bestimmung einer Waschküche. Später wurde es ein Magazin, es war alle Aussicht vorhanden, dass es endlich zu einer Synagoge, zu einem Venustempel oder zu einem Grabmal avancieren würde. – Da ich aber weder Jude noch Heide bin und vor allen Dingen keine Lust habe, mich schon begraben zu lassen, so kamen wir endlich im Familienrat darin überein, dass das Monument eines genialen Künstlers zu einem –«

»Aber Herr Preiss, ereifern Sie sich nicht!«

»Ja, dass dieses Denkmal moderner Baukunst zu einem Abtritt eingerichtet werden solle.«

(1847/48)

D*as ist schlimm, wie die Architektur so schrecklich gefallen,*
*Darum bin ich nach Rom, Bess'res zu lernen, gereist.*
*Jahrlang hab' ich daselbst das Pantheon und den Farnese,*
*Tempel, Basiliken und alle Paläste studiert.*
*So erlernt' ich guten Geschmack; die ästhetischen Regeln*
*Wend' ich zu Hause nun auf Hühner- und Schweinestall an.*
WILHELM WAIBLINGER (1839)

## Baumeister contra Hausherr
### Nikolai Wassiljewitsch Gogol

Das Gut schien ihm ziemlich groß zu sein; zwei Wälder, ein Birkenwald und ein Fichtenwald, lagen wie zwei Flügel – der eine dunkler, der andere heller – zur Rechten und zur Linken; in der Mitte ließ sich ein Blockhaus mit ausgebautem Dachgeschoss erkennen, mit einem roten Dach und dunkelgrauen oder, besser, rohen Außenwänden, ein Haus, wie man es bei uns für Militärkolonien und für deutsche Siedler baut.

Man erkannte, dass der Baumeister bei seinem Bau ständig gegen den Geschmack des Hausherrn anzukämpfen gehabt hatte. Der Baumeister war ein Pedant und wünschte Symmetrie, der Hausherr Bequemlichkeit, und er hatte offenbar infolgedessen auf der einen Seite alle korrespondierenden Fenster zunageln lassen und an ihrer Stelle ein kleines eingebaut, das er wahrscheinlich für eine dunkle Kammer gebraucht hatte. Der Haupteingang war keineswegs in die Mitte des Hauses geraten, wie sehr sich der Architekt auch darum bemüht haben mochte, denn der Hausherr hatte eine Säule an der Seite wegnehmen lassen, so dass sich statt der ursprünglichen vier nur drei Säulen ergaben.

Der Hof war von einem kräftigen und unangemessen dicken Holzzaun umgeben. Dem Gutsbesitzer war offenbar sehr viel an Dauerhaftigkeit gelegen.

(1842)

*Ich mag keine Räume, die von Innenarchitekten gestaltet worden sind. Da habe ich immer das Gefühl, ich sitze auf der Bühne – gleich geht der Vorhang auf, und ich kann meinen Text nicht.*
Peter Ustinov (1982)

## DIE HAND DES MEISTERS
### Charles Dickens

Von seinen architektonischen Schöpfungen war nichts Gewisses bekannt, außer dass er nie etwas gezeichnet oder gebaut hatte; aber allgemein wurde zugegeben, dass seine Kenntnisse in dieser Wissenschaft wahrhaft Ehrfurcht gebietend waren.

Mr. Pecksniffs berufliche Tätigkeit beschränkte sich, wenn auch nicht ganz, so doch fast ausschließlich auf die Aufnahme von Zöglingen; denn die Eintreibung der Mieten für Grund- und Hausbesitzer, womit er sich gelegentlich zur Abwechslung und Erholung beschäftigte, kann kaum eine architektonische Arbeit genannt werden. Sein Genie offenbarte sich darin, Eltern und Vormünder zu bestricken und Honorare einzustecken. Hatte ein junger Herr seinen Obolus entrichtet und war demgemäß in Mr. Pecksniffs Haus aufgenommen worden, so borgte sich Mr. Pecksniff von ihm sein Reißzeug aus (wenn es in Silber gefasst oder sonst wertvoll war), ersuchte ihn, sich von diesem Augenblick als ein Mitglied der Familie zu betrachten, wünschte ihm je nach Umständen Glück, so vortreffliche Eltern oder Vormünder zu besitzen, und logierte ihn dann in einem geräumigen Vorderzimmer im zweiten Stockwerk ein, wo er in Gesellschaft einiger Reißbretter, Winkelmaße, sehr steifbeiniger Zirkel und zweier oder dreier anderer junger Herren drei oder fünf Jahre lang, je nach dem Kontrakt, sich darin übte, die Kathedrale von Salisbury in allen möglichen Perspektiven zu zeichnen und eine Unzahl Schlösser, Parlaments- und andere öffentliche Gebäude für das Nichts zu entwerfen. (…)

»Halt«, rief Pecksniff, »warten Sie, da Sie Ehrgeiz haben und sehr sauber zeichnen können, sollen Sie – haha! –, sollen Sie sich an diesen Vorschlägen zu einem Elementarschulgebäude versuchen; natürlich müssen Sie sich dabei nach den gedruckten Angaben richten. Nun, auf mein Wort«, sagte Mr. Pecksniff heiter, »ich bin neugierig, was Sie aus der Elementarschule machen werden. Wer weiß, ob nicht ein junger Mann von Ihrem Geschmack auf etwas kommt, was an sich unausführbar und den herkömmlichen Regeln entgegengesetzt ist, dem ich aber zuletzt eine Gestalt geben könnte. Denn wirklich, mein teurer Martin, wirklich nur in den letzten, vervollkommnenden Strichen zeigt sich die große Erfahrung und das lange Studium unserer Kunst. Hahaha! Nun, es soll mir wirklich«, fuhr Mr. Pecksniff fort und klopfte seinem Freund fröhlich auf den Rücken, »es soll mir wirklich Spaß machen zu sehen, was Sie mit der Elemenatschule anfangen werden.«

Martin übernahm bereitwillig diese Arbeit, und Mr. Pecksniff übergab ihm sofort die zur Ausführung nötigen Materialien; dabei sprach er noch immer von dem wunderbaren Effekt, den oft ein paar vervollkommnende Striche von der Hand des Meisters hätten. Dieser Effekt war in der Tat, wie manche Leute – natürlich wieder seine alten Feinde! – sagten, höchst überraschend, beinahe ans Wunderbare streifend; denn man erinnerte sich vieler Fälle, in denen die meisterliche Hinzufügung eines Hinterfensters oder einer Küchentür oder eines halben Dutzends Stufen oder nur einer Wasserröhre oder Dachrinne aus der Zeichnung eines Zöglings Mr. Pecksniffs eigene Arbeit gemacht und diesem Gentleman klingenden Lohn eingebracht hatte.

(1843)

## STECKBRIEFLICH VERFOLGT
### *Franz von Dingelstedt*

Als die rasche Vergrößerung und Verschönerung der Residenz durch Abbruch eines unsauberen und winkeligen Stadtteiles im Mittelpunkt des Geschäftslebens ein weites Areal bloß legte, kaufte ein strebsamer Architekt den Grund und Boden, um auch einmal auf Spekulation zu bauen. Gemeinnützig wie immer eröffnete ihm Krafft einen Kredit. Nun wurde gebaut, leicht, lustig, luftig, in die Länge, die Höhe, die Breite. Über Nacht wuchsen die Häuser gleich Pilzen aus dem Schutt empor; Arbeiter strömten zu aus aller Herren Länder, so dass der babylonische Turm sich zu wiederholen schien. Aber auch die babylonische Verwirrung stellte sich allmählich ein, nicht der Zungen, sondern des Soll und Haben, bis Krafft sich unliebsam genötigt sah, in der kritischen Stunde, der elften, dem babylonischen Meister plötzlich den Kredit zu schließen. Die halb fertige Straße lag als Ruine da, in welcher die brotlos gewordenen Arbeiter händeringend umherirrten. Wiederum gemeinnützig, stand Krafft vor dem Riss. Er brachte die Häuser um die Hälfte des Wertes an sich, ließ sie vollenden und verkaufte sie dann teils um das Dreifache, teils vermietete er sie dergestalt, dass sein Kapital sich zu Zehn vom Hundert verzinste. Die neue Straße empfing von dem dankbaren Magistrat Krafft's Namen, während der Architekt, als Schwindler flüchtig gegangen, steckbrieflich verfolgt wurde. (…)
Gleich Soldaten in Reih und Glied stand sie da, ein Haus wie das andere, zum Verwechseln. Kein Giebel hing über, kein Erkerlein drängte sich vor: eine schnurgerade, glatte, glänzende Front. Nirgends war an Raum oder unnötigen Zierraten etwas verschwendet. In den Türen und den zahllosen Fenstern herrschte tadellose Symmetrie.
(1869)

## ALLE MENSCHEN SIND GLEICH
### Lew Nikolajewitsch Tolstoi

Zur bestimmten Stunde trat der alte Fürst, gepudert und rasiert, in
das Esszimmer, wo ihn seine Schwiegertochter, die Prinzessin Mar-
ja, sein Sohn, Mademoiselle Bourienne und der Baumeister erwar-
teten, welcher letztere zufolge einer sonderbaren Laune des alten
Herrn zur Tafel zugelassen war, obgleich er nach seiner unbedeuten-
den sozialen Stellung in keiner Weise auf eine solche Ehre einen Anspruch hatte. Der Fürst, der sonst streng auf die Standesunterschie-
de hielt, und sogar hohen Gouvernementsbeamten nur selten einen
Platz an seinem Tisch vergönnte, hatte auf einmal an der Person des
Baumeister Michail Iwanowitsch, der sich immer in der Zimmer-
ecke in sein kariertes Taschentuch schnäuzte, den Beweis führen
wollen, dass alle Menschen gleich seien.
(1868)

Es war im Anfang des Maimonats,
als der fremde Baumeister in Schloss
Richten erwartet wurde. Man hatte ihm
einen Wagen bis in die nächste Stadt
entgegengesendet, im Schlosse waren zwei
Zimmer für ihn hergerichtet worden, und
obschon man wusste, dass der Baron den
Bau einem jungen Manne übertragen
hatte, dessen Vater, einen tüchtigen
Maler, er zur Zeit seiner ersten Reisen
in Italien kennen gelernt, und der dann
später auch in Richten die Eltern und
die Schwester des Barons gemalt hatte, so
fand man dennoch, dass um eines bloßen
Baumeisters, und noch dazu um eines
so jungen Menschen willen, viel zu viel
Aufhebens gemacht werde.
FANNY LEWALD (1864)

## PIETÄTLOS
*Theodor Fontane*

Unter allen Künstlern – diese Bemerkung mag hier gestattet sein – sind die Architekten die pietätlosesten, zum Teil weil sie nicht anders können. Maler, Skulptoren treffen mit ihrem Vorgänger meist wie auf breiter Straße zusammen; sie haben Raum nebeneinander; die Lebenden und die Toten, sie können sich dulden, wenn sie wollen. Nicht so der Baumeister. In den meisten Fällen soll das neue Haus, die neue Kirche an der Stelle der alten stehen. Er hat keine Wahl. Und es sei. Wir rechten zudem mit keiner Zeit darüber, dass sie sich für die klügste und beste hält. Aber darin geht die jedesmalig modernste (die unsrige kennt wenigstens Ausnahmen) zu weit, dass sie auch das zerstört, was unbeschadet des eignen Lebens weiter leben könnte, dass sie sozusagen unschuldigen Existenzen, von denen sie persönlich nichts zu befahren hätte, ein Ende macht. (…)

Die historische Pietät ist fast noch seltener als die künstlerische. So entstehen denn entzauberte Kirchen, die helle Fenster und gute Plätze haben, die aber den Sinn kalt lassen, weil mit der Vergangenheit gebrochen wurde. Ein »gefälliger Punkt in der Landschaft« ist gewonnen, eine viel versprechende Schale, aber, in den meisten Fällen, eine Schale ohne Kern.

(1873)

*Wie glücklich kann man doch sein, indem man einfach ein Haus betrachtet! Die Architekten und Urbanisten haben ja keine Ahnung, mit welcher Leichtfertigkeit sie unser Glück aufs Spiel setzen, wie heilbringend, beziehungsweise unheilbringend ihr Werk für das Gemüt, die Sitten, das Schicksal eines Volkes sein kann.*
ALBERTO SAVINIO (1944)

## Tyrannenepoche
### Paul Scheerbart

»Sie glauben gar nicht, Herr Baron, welche Stellung die Berliner Architekten heutzutage innehaben; früher konnte doch der Bauherr noch etwas mitreden – so was aber gibt es heute gar nicht mehr. Wir haben nur das Recht und die Pflicht, alles zu bezahlen; der Architekt befiehlt nur – und der Bauherr hat zu gehorchen. Wir haben uns nicht einen einzigen Stuhl ohne Erlaubnis des Architekten anschaffen dürfen. Es fehlt nur noch, dass er uns auch die Kleider kauft. Es ist himmelschreiend.«

»Wir leben in einer Tyrannenepoche – und die Architekten sind heute die größten Tyrannen.«

(1906)

*Herr Walter Löwe stellte dem Architekten eine Dame vor: Miss Amanda Schmidt aus Chicago. Diese Dame machte auf den Architekten nicht einen angenehmen Eindruck; sie trug ein dunkelviolettes Sammetkleid mit karminroten und chrysolithgrünen Aufschlägen und Schnüren. Herr Edgar Krug sagte leise zum Rechtsanwalt: »Eigentlich habe ich hier ganz allein in Farben zu sprechen. Die Damen sollten diskreter in ihren Kostümen sein – aus Rücksicht auf meine Glasfenster.«*
Paul Scheerbart (1914)

## MIT SADISTISCHEM ZUG
### Joseph Roth

Vor einem halben Jahr noch war diese Bar nicht vorhanden. Damit sie entstehe, bedurfte es eines modernen Architekten mit einem sadistischen Zug, einer jener Männer, denen es vollkommen gleichgültig ist, ob sie ein Mausoleum, eine elektrische Hinrichtungsstätte, ein Warenhaus oder ein Nachtlokal bauen sollen, ein Maschinenhaus oder eine Gartenlaube, einen Musiksalon oder ein Badezimmer. Ein gewisser sakraler Komfort verbindet sich mit einer grausamen Nüchternheit, und das Zweckmäßige ist bis zu einem so vollendeten Grade vorausbedacht, dass es bereits die Wirkung des Schaurigen auszuüben beginnt.

(1928)

*Ein Nest sich bauen, wirklich sein höchst-
eigenes, apartes, von allen anderen unter-
schiedenes Nest! Wie der Vogel es Halm
für Halm sorgsam zusammenträgt! Und
jedes Nest ist anders, grundverschieden,
hat gleichsam irgendwie den Charakter
des Besitzers, des Bewohners. Ja, die Vögel
haben halt nicht das Unglück, Architekten
für Innen-Einrichtung in der Vogelwelt zu
besitzen, die für 10 000 Mark ein »schönes«
Logis herstellen!*
PETER ALTENBERG (1918)

## DENKEN LERNEN
*Kurt Schwitters*

Die Hauptfehler der heutigen Architektur sind Individualismus des Architekten und Größenwahn des Bauherrn. Jeder Architekt, und wenn er noch so unbedeutend ist, baut individuell, und er muss individuell bauen, weil er sonst nicht die Möglichkeit sieht, Aufträge zu erhalten. Es muss eben was Besonderes sein. Daher kommen die vielen Gesuchtheiten und Blödheiten, die gesetzlose Willkür. Der gesunde und starke Individualismus ließe sich aber immer noch ertragen, denn falls er sehr stark ist, schafft er manchmal persönlich die wenigen starken und gesunden Neuerungen. (...)

Jeder Architekt ist eben kein Licht. Aber er muss es vortäuschen, sonst verdient er nichts. Es bestand einmal so etwas wie ein Typ für Häuser. Meier hatte den Typ, und Müller wollte ihn auch haben. Der Bauherr verlangte diesen Typ, und der Architekt konnte im besten Falle geringe Veränderungen, kleine Verbesserungen an dem Typ vornehmen. Die Wirkung war garantiert, weil schon Generationen vor ihm gedacht und gearbeitet hatten. Der Architekt von heute, ich meine den durchschnittlichen, will zwar auch nicht denken, aber es fehlt der Typ, und der fehlt uns heute. Der Ton ist auf gut und nicht auf neu zu legen. Nicht neuer, sondern besser, dann wird der Typ schon kommen. Aber dazu muss der Architekt denken lernen.

(1929)

## Sachlichkeit
### *Bertolt Brecht*

Unsere fortgeschrittenen Architekten propagieren in den letzten Jahrzehnten eine so genannte sachliche Baukunst. Sie finden, kurz formuliert, das Praktische schön. Interessant ist nun, wie sich die Arbeiter dazu verhalten. Im Großen und Ganzen lehnen sie nämlich diese Baukunst ab. Sie finden die linear gebauten Häuser nicht schön, nennen sie Kasernen oder Zuchthäuser und schimpfen die neuen, zweckdienlichen Möbel fade. Die ganze sachliche Baukunst hinterlässt in ihrem Mund einen schalen Geschmack. Warum?

Die Architekten, von denen viele, weil sie eben fortgeschritten sind, sich gerne an die Arbeiter wenden, als die fortgeschrittenste, wichtigste Klasse, vergessen, was eine Wohnung für den Arbeiter bedeutet. Sie ist nämlich keineswegs nur ein Unterschlupf für ihn, eine Maschinerie, bei der es nur darauf ankommt, dass sie alle ihre Obliegenheiten möglichst praktisch vollzieht.

(1935/1941)

Herr Architekt »Sachlich«, wer hätt es gedacht,
Der hat schon viel Handwerker brotlos gemacht,
Bildhauer und Drechsler, sogar Modelleur,
Die haben durch »ihn« keine Arbeit jetzt mehr.
Herr Sachlich verdient sich gewiss keinen Orden
er wär' jetzt beinah übersachlich geworden
denn er hätt in Zukunft, wer hätt das gedacht
die Käselöcher viereckig gemacht.
Karl Valentin (1938)

## Ein gutmütiger Mabuse
### *Alberto Savinio*

Als er sein eigenes Gebäude so kalt dastehen sah, fürchtete Gio Ponti, man könne es mit einem toten Gebäude verwechseln, und verfügte, dass die Eingeweide des Montecatini sichtbar blieben wie das Uhrwerk unter einem transparenten Gehäuse: die Rohre der Rohrpost, das Netzwerk der Telefonzentrale, die Motoren der Klimaanlage. Und der Architekt, ein gutmütiger Mabuse und ganz klein neben der gewaltigen Größe seiner Schöpfung, kann mit berechtigtem Stolz auf die funktionierenden Organe seines Gebäudes hinweisen, mit dem feinen Finger eines präzisen Zeichners: »Seht, wie das Herz schlägt, wie das Blut zirkuliert, die Lunge atmet!«
(1944)

## DIE GNADE DES BLAUEN HIMMELS
### *Heimito von Doderer*

Leonhard ging durch die Säulenhalle nach rückwärts, rechter Hand über die Stufen, und betrat die Arkaden. Es ist der weite Hof, welchen sie umgeben, ebenso wie das ganze ausgedehnte Gebäude, im Grunde nichts anderes als ein Ferstel'scher Renaissance-Angsttraum (es gib ja auch noch genug Gotisches oder Griechisches dieser Art) und eines der Beispiele von en masse angewandter Kunstgeschichte, wie sie heute noch unsere Städte allenthalben füllt, im verwichenen Jahrhundert aber für Kunst gehalten wurde, ebenso wie die Ferstel, Schmidt und Förster als Baukünstler galten. Aber über einer Kopie, wie etwa jener der Loggia dei Lanci zu München, oder über dem Renaissance-Hof, an dessen Längsseite Leonhard nun unter den hallenden Arkaden dahin schritt, scheint der Himmel tiefer blau und wärmer zu werden, ja, das Gebäude hat ihn gleichsam mitgebracht aus dem Lande seiner eigentlichen Herkunft; sieht man ihn so jahrzehntelang diese Pfeiler und Bogen hoch übersteigen, diese Giebel an Sommertagen säumen, so hat beides wie zu einem Dritten zusammengefunden, welches nun wirklich schön ist, ohne dass man dies eben dem Genie eines Baumeisters zuschreiben müsste, dem ein solches gar nicht zu eigen war: die Zeit, die Erinnerungen, der blaue Sommerhimmel und die leichte Verwitterung, die solcher Gebaulichkeiten Anspruch mindert, haben sachte und sanft ersetzt, woran's ursprünglich fehlte.

(1956)

## Bruder Leichtfuss
### *Alfred Kantorowicz*

Er war ein umgänglicher, musisch begabter, Geselligkeit liebender Bruder Leichtfuß, der später durch den Zwang, seinem obersten Bauherrn Ulbricht zu willen sein zu müssen, und gegen seine fachliche Überzeugung, für die Stalin-Allee verantwortlich zu zeichnen, innerlich zerbrach – auch wenn er es durch Witzeleien und Geistreicheleien zu verdecken suchte. Er hatte, dies sei den sehr selbstgerechten, sehr tugendhaften, sehr fehlerlosen Splitterrichtern auf dieser Seite gesagt, acht unmündige Kinder zu ernähren. Leicht ist ihm die Preisgabe seiner künstlerischen und fachlichen Maßstäbe nicht gewesen; er hat den Makel, seine Begabung, seinen Namen in den Dienst der Forderungen banausischer Gewalthaber stellen zu müssen, mit oftmals hektischem Zynismus zu überdecken gesucht, sich andererseits aber die materiellen Vergünstigungen, die Preise, die Orden, die Publizität, die ihm aus seiner Unterwürfigkeit erwuchsen, gern gefallen lassen – vielleicht bedeuteten sie ihm sogar mehr als Trostpflästerchen.

(1961)

*Trotz seiner Anlagen war Ginster mit dem Architektenberuf nicht zufrieden. Je mehr er sich ihm anzupassen suchte, desto deutlicher erkannte er, dass der Zauber der zeichnerischen Darstellung sich verlor, sobald sie durch Backsteine und Maurer verwirklicht wurden.*
Siegfried Kracauer (1928)

## BOURGEOISE ARCHITEKTEN
### *Stefan Heym*

Er war von einem Sitz am Frontende des Tisches aufgestanden und schritt entlang der Wand mit den Entwürfen, die da einer neben dem anderen angeheftet waren – Entwürfen, die vom Gegenteil der kahlen, kubistischen Formen zeugten, welche er in seiner Rede just verdammt hatte.

»Nicht eine architektonische Idee in dem Funktionalismus dieser Leute!«, rief er aus, während sein prüfender Blick die Gesichter entlang des ganzen Tisches testete. »Die gleiche Fassade an Bau um Bau, nackt, ein Stück Wüste vom Erdgeschoss bis zum Dach, ohne auch die kleinste Oase fürs Auge!«

Die Dekadenz dabei lag darin, erklärte er, dass hier jeder Sinn des Menschen für Schönheit und seine Sehnsucht danach und nach menschlicher Würde verneint wurden. Schließlich war ein Gebäude mehr als ein gelegentlicher Behälter; es bedeutete Permanenz; ein Denkmal, das die Menschen ihrem Streben, ihren Träumen und Idealen setzten; nur eine Klasse wie die Bourgeoisie, die lange schon keine neuen Ideen mehr entwickelt hatte und zutiefst erfüllt war von dem Gefühl ihrer eigenen Vergeblichkeit, konnte eine Zusammenstellung hässlicher Betonplatten als eine Errungenschaft betrachten.

»Die Arbeit eines bourgeoisen Architekten« – er blieb stehen und lächelte ironisch – »wird ihm leichtgemacht. Er muss sich weder um ästhetisch gültige Formen und Einteilungen kümmern noch um Balance und Gleichgewicht oder um das Arrangement und die Proportionen von Fenstern, Simsen, Balkons, Toren und anderem Beiwerk ...«

Er hatte geendet und blickte triumphierend in die Runde. Die Mehrzahl der Köpfe entlang des Tisches nickte Übereinstimmung.

(1964/65)

## FIDELE RESIGNATION
### *Max Frisch*

Das also ist Sturzenegger, Freund von Stiller, ehedem junger Architekt, der von konsequenter Modernität schwärmte, heute ein Mann von Karriere, ein Mann der fidelen Resignation, ein Mann, der mit beiden Beinen auf der Erde steht, und als Arrivierter natürlich von betonter Kameradschaftlichkeit. (…)

»Erzähle einmal!« sagt er, »du bist ja um die halbe Welt gestrolcht, höre ich. Wie fühlst du dich denn wieder bei uns? Wir haben gebaut, mein Lieber. Hast du schon etwas gesehen?«

»Ja«, sage ich, »etwas.«

»Und was sagst du denn dazu?«

»Ich staune«, sage ich, aber Herr Sturzenegger, der Architekt, will es natürlich genau wissen, worüber ich staune. Und da er natürlich ein Lob erwartet, sage ich denn auch alles, was ich mit gutem Gewissen loben kann: wie sauber sie hierzulande bauen, wie sicher, wie schmuck, wie gediegen, wie seriös, wie makellos, wie gewissenhaft, wie geschmackvoll, wie gepflegt, wie gründlich, wie ernsthaft und so weiter, alles wie für die Ewigkeit. All dies gibt Sturzenegger zu, vermisst aber die Begeisterung, und in der Tat, ich habe sie nicht. (…)

Es folgt eine Unterhaltung über jenes Gebiet, das sie die Altstadt nennen. Die Idee, die Stadt der Vorfahren zu erhalten und als Reminiszenz zu pflegen, finde ich nobel. Und daneben, im geziemenden Abstand, baue man die Stadt unserer Zeit! In Tat und Wahrheit aber, soweit ich sehe, machen sie weder das eine noch das andere, sondern sanieren sich zwischen jeder Entscheidung hindurch. Architekten voll Talent und Heimatliebe bauen, wie ich neulich gesehen habe, Geschäftshäuser im ungefähren Maßstab des sechzehnten oder siebzehnten oder achtzehnten Jahrhunderts. Ein kniffliges Unterfangen! Zwar ist es möglich, Eisenbeton zu tarnen (wie eine Schande) mit Quadern aus Sandstein, mit Stichbogen und mit echten Erkerlein aus dem Mittelalter; doch ganz vereinen lassen sie sich nicht, scheint es, Pietät und Rendite, und was dabei herauskommt, ist ja wohl so, dass kein Negersoldat auf Urlaub derlei für Altes Europa hält. (…)

Sturzenegger sagt immer: Ideen, nun ja, das ist ja schön und recht, aber wir müssen doch realistisch sein. Was heißt das? Zwar gibt Sturzenegger, als wir über die romantische Zweistöckigkeit ihrer Siedlungen reden, aus fachmännischen Überlegungen durchaus zu, dass es immer weniger gelingen wird, im Stil des neunzehnten Jahrhunderts zu leben, und dass es der größte aller Schildbürgerstreiche ist, wie sie ihr knappes Land noch immer mit solchen Siedlungen verdorfen; darum immer wieder meine blanke Frage: Was ist eure Idee hier? Die Geschichte wird nicht stehen bleiben, auch wenn die Schweizer es noch so wünschen. Wie wollt ihr, ohne einen neuen Weg zu gehen, ihr selber bleiben? Die Zukunft ist unvermeidlich. Wie also wollt ihr sie gestalten? Man ist nicht realistisch, indem man keine Idee hat.

Sein Lächeln ärgerte mich schon lange, bevor es zum Krach kam, seine Miene der fidelen Resignation; bleich vor Ernst, solange er sich über die Person ihres Oberbaumeisters ausließ, und im übrigen, sobald es bloß um Ideen ging, voll wurstiger Munterkeit einer unberührten Seele, das also war dieser Herr Sturzenegger, der Architekt.

(1954)

## VERRÜCKTE VISIONÄRE
*Peter Weiss*

Der Gang durch die Stadt in der Neujahrsnacht mit den Architekten und Stadtplanern. Es sind Verrückte. Ihre Visionen geben sich
fortschrittlich aus, sie stehn aber im Dienst der Großunternehmer,
die, mit ihren Geldern, dem Staat behilflich sein können. Das Alte
muss weg, um die neuen Paläste zu errichten, das bedeutet, es werden Milliarden in die Kassen der Kommunalpolitiker u der Regierung fließen.
   Die Menschen werden aus dem natürlichen, lebendigen Zentrum
der Stadt vertrieben, dass dort Bürohäuser, Banken, usw. erbaut
werden können. Der Idealist Mehr (Sozialdemokr.) träumt von einer modernen, funktionalistischen Stadt, will nicht sehn, dass eine kalte, unmenschliche Stadt, ein Denkmal des Kapitalismus, aus
Stockholm werden wird –.
   (1980)

D*ie Architekten Lallerstedt, Tengbom,
Lellsing, Tesch wohnen – fast alle – in
Drottningholm (dem fürstlichsten aller
Vororte). Hjalmar Mehr wohnt in Tessins
Palast (gegenüber dem Schloss). Sie, und
einige andre Herrn im Stadthaus, tragen
die Verantwortung für die Ermordung
Stockholms. Für die Verwandlung des
Herzens der Stadt zu einem Banktresor.*
PETER WEISS (1972)

## VERSTEHEN: NIE
### *Heinrich Böll*

Die Arbeit war mir so gleichgültig wie das Wort Kunst; andere konnten sie ebenso tun wie ich, ich bezahlte sie gut; ich verstand die Fanatiker nie, die sich dem Wort Kunst opferten; ich half ihnen, belächelte sie, gab ihnen Arbeit, aber verstehen: nie; ich begriff's nicht, begriff nur, was Handwerk war, obwohl ich als Künstler galt, als solcher bewundert wurde; war die Villa, die ich für Gralduke baute, nicht wirklich kühn, modern? Sie war's, wurde sogar von den künstlerischen Kollegen bewundert und gepriesen, und ich hatte sie entworfen, gebaut und wusste doch nie, was Kunst ist; sie nahmen's zu ernst, vielleicht, weil sie so viel davon verstanden, und bauten doch scheußliche Kästen, von denen ich damals schon wusste, dass sie zehn Jahre später Ekel hervorrufen würden.

(1959)

## GENOSSE ARCHITEKT
*Heiner Müller*

*Architekt:* Meinen Lebensabend werde ich hier nicht verbringen, in eurem Arbeiter- und Bauernstaat. Ich bin Architekt. Ich will bauen. Was, ist mir egal, aber das Wie bestimme ich, oder ich gehe.
*Schuhmanngerhard:* Du wirst baun was wir brauchen. Dafür bezahlen wir dich. Unsre Arbeiter brauchen Wohnungen. Das Recht auf Wohnung steht in der Verfassung.
*Architekt:* Wohnungen. Löcher im Beton. Weißt Du, wie der Volksmund eure Wohnungen nennt. Arbeiterschließfächer. Ich kann dir Wohnungen zeigen.
*Schuhmanngerhard:* In der Feindpresse.
*Architekt:* Wo sonst.
*Schuhmanngerhard:* Arbeiterschließfach. Mit Bad, Warmwasser und Fernheizung. Das hat es vor uns nicht gegeben. Für den Arbeiter nicht. Nicht in Deutschland. Wir können nicht warten, bis wir das Geld haben, jedem einen Palast hinzustellen. Oder ein Haus wie deines hier, Genosse Architekt.

(1995)

## KINDERGARTENONKEL
*Hans Magnus Enzensberger*

Wer zu Schiff oder mit der Fähre ankommt, der sieht hoch über der berühmten Silhouette der Stadt, über Türme und Hügel, eine Reihe von gigantischen Pappschachteln aufragen, brutale Kuben, die mit bonbonrosa und himmelblauen Versatzstücken notdürftig kaschiert sind. Das Centro Comercial Amoreiras ist der Stolz der portugiesischen Postmoderne. Der terroristische Kindergartenonkel, der hier seine Bauklötzchen aufeinander türmt, heißt Tomás Taveira, ein Name, den man getrost vergessen könnte, wäre sein Träger, der einst als linker Schreihals auftrat, nicht zum Hätschelkind der Neuen Rechten in Portugal geworden.

Den Namen seines Auftraggebers dagegen wird man sich merken müssen. Krus Abecasis, ein begabter Demagoge, ist 1979 zum Bürgermeister von Lissabon geworden. »Am Ende meiner Amtszeit«, rief er den Bürgern zu, »werdet ihr eure Stadt nicht wieder erkennen!« Diese Drohung hat Abecasis, soweit es in seinen Kräften stand, wahr gemacht.

(1989)

Der Glaube an Architektur ist groß. Auch nach 1989 musste Berlin rasch architektonisch so geschlossen werden, als hätte es die Mauer und die DDR nie gegeben. Auch da hätte man sich ein bisschen mehr Zeit lassen können. Die Büros stehen ohnehin oft leer. In wenigen Jahrzehnten werden wir die geballte Jahrtausendwendearchitektur mit ihren Stein- und Glasfassaden so satt haben wie die Architektur der siebziger Jahre.
BERNHARD SCHLINK IM GESPRÄCH MIT ANDREAS KILB, FRANKFURTER ALLGEMEINE ZEITUNG (21.02.2009)

## Nutzraumfanatiker
*Julien Green*

Was wird das Paris von morgen sein? Ich dachte daran, als ich im Nebeldunst am Ufer der Seine auf die zarte Pracht der Knospen blickte, die die Bäume mit einem leichten Schleier bedeckte. Paris ist von einer Schönheit, die mich manchmal beunruhigt, weil ich fühle, wie zerbrechlich und bedroht sie ist. Bedroht vor allem von unseren Städteplanern. Welcher junge Architekt wird uns endlich die Stadt der Zukunft geben, eine schöne Stadt, die ebenso verführerisch auf die Generationen der Zukunft wirken wird, wie das allmählich aus den Jahrhunderten entstandene Paris uns zu bezaubern vermochte? Ist es zuviel, von einem Visionär zu träumen, der ein Poet des Raumes wäre und nicht mehr einer jener Organisatoren des Lebens im Hässlichen, wie Baudelaire sagen würde, einer jener Nutzraumfanatiker, die jeder unbebauten Fläche nachjagen und überall ihre modernen Gebäude errichten, Stahl- und Betonklötze ohne jede Anmut, voll vom Lärm und Getöse der Fernsehgeräte und der Kanalisationen der Nachbarn.

(1985)

## IN SEINEM GEBÄUDE VERSCHWUNDEN
### Cees Nooteboom

Wer mit dem menschlichen Maß seiner Schritte durch eine Stadt geht, ist Perspektiven, Artikulationen des Raums, Panoramen, über ihm aufragenden steilen Wänden, leeren und gefüllten Räumen ausgesetzt, die nicht er, sondern ein anderer erdacht und gestaltet hat. Er sieht, oft ohne es zu wissen, Verweise auf eine Vergangenheit, deren sich sogar der Erbauer vielleicht nicht mehr bewusst war, er sieht die Architektur der Not und des schnöden Mammons, der Hoffnung und der Niederlage, er/sie sieht Architektur, die sich in ihrer eigenen Geschichte verirrt hat, und solche, die die schmutzige Politik ihrer eigenen oder einer anderen Zeit widerspiegelt. Und hinter alldem sieht er – oder sieht sie nicht – den Architekten, der in seinem Gebäude verschwunden ist, Meister oder Diener, freier Mann oder einer, dem die Hände gebunden waren durch Regenten, Stadtverwaltungen, Auftraggeber – oder schlichtweg: durch mangelndes Talent.

(1995)

## Blitzendes Schwarz
### Martin Mosebach

Eduard Has liebäugelte lange mit der Verwendung wertvollen Materials bei der Ausgestaltung seiner Wohnung. Er war zunächst verstimmt, dass ihm der bunte Marmor, die intarsierten Parkettböden aus vielerlei Hölzern, die Mosaiken und die dicken Teppiche allesamt verboten wurden. Szépregyi fragte ihn stirnrunzelnd, ob er allen Ernstes in solchem Muff wohnen wolle. (…)

Szépregyi wies anhand von Zeitschriften, Aufsätzen – zum Teil sogar eigenen – und großen Kunstbänden nach, dass es tödlich für einen Sammler sei, in einem derart schmuckhaften Interieur zu leben. Nacktheit, Wahrheit, Materialgerechtigkeit hießen die Ausdrücke, in denen nach seinem Willen der gültige Geschmack zum Ausdruck kam. Has vergaß nie, wie wild Szépregyi aussah, als er auf die Frage, wie der Fußboden denn also beschaffen sein werde, dramatisch ein einziges Wort in den Raum fallen ließ: Linoleum. Inzwischen hatte aber auch Has verstanden, was für eine feine Sache das werden würde, wenn erst überall das blitzende Schwarz lag, das allerdings ständig gebohnert werden musste.

(2004)

## ALLERLEI SCHNICK-SCHNACK
*Georg Bötticher*

Wer die Baukunst sieht von heute,
Schaut mit Staunen ihre Schwäche,
Fläche, Fläche, nichts wie Fläche,
Keine Fülle, keine Breite!
Neurasthenische Phantastik
Und ein Vakuum an Plastik!

Sieht er dann auch ihre Jünger,
Die genialen Architekten,
Die uns diese Kunst erweckten,
Diese kranken Formen-Bringer –
Staunt er mehr noch: wie gesund
Schaun sie aus, wie rot und rund!

Und er spricht wohl: »Heilge Musen!
Eins ist staunenswert nicht minder:
Diese Kunst hat keinen Busen,
Dennoch nährt sie ihre Kinder,
Respektive ihren Mann –
Wie, zum Teufel, fängt sie's an?«
    (1902)

UND IHRE BAUTEN

## EDEN COURT
### Ursula Muscheler

Geraten Architekten heutzutage, was selten genug passiert, in den Fokus von Schriftstellern, bleibt das für sie selten ohne unangenehme Folgen. Entweder sie enden als Symbolfiguren des Scheiterns, dem Mitleid oder dem Spott des Lesers preisgegeben, oder sie werden mit der Rolle der Bad Boys besetzt, die ganz allein die monströse Hässlichkeit der gebauten Umwelt zu verantworten haben – eine fatale Rolle mit nicht selten letalen Folgen.

In Jörg Krichbaums Roman *Das Nebelzelt* ist der Architekt Kessler mit der Konzeption eines alle Dimensionen sprengenden Bauwerks beschäftigt. Ein gigantischer Glasröhrenring, genannt Mondoneum, soll auf dem vierzigsten Breitengrad mit einem Durchmesser von hundert Meter den Globus umspannen. Zehn Milliarden Menschen könnten in dieser Glasröhre flächen- und ressourcensparend Unterkunft, Arbeitsplatz und Freizeitmöglichkeiten finden, während die durch planlose Zersiedelung geschundene Natur sich in wenigen Generationen wirksam regenerierte. »Ein Luftschloss auf Erden. Ein gläsernes, belebbares Korsett, damit der überfettete Globus nicht aus der Fasson gerät.«

Doch als Kessler in einer Mailänder Galerie seine Skizzen der Öffentlichkeit vorstellt, trifft er auf den Kritiker Alessandro Palantini, der ihm eine wahre Flut kritischer Fragen stellt. Ob es denn sinnvoll sei, die letzten Rohstoffquellen auszubeuten, um ein vermutlich unbewohnbares Bauwerk zu errichten? Ob ihm klar sei, welche Brutstätte für Kriminalität und soziale Verödung ein solches Bauwerk werden würde? Ob er sich überhaupt Gedanken darüber gemacht habe, wie es wohl um das Seelenheil der Menschen stünde, wenn sie ihr Leben von der Geburt bis zum Tod in engen, genormten Wohnzellen fristen müssten.

Als Kessler fühlt, wie ihm die Flut der Fragen, auf die er keine Antworten findet, den Boden unter den Füßen wegspült, reist er ab. Aus sein Traum von der Errettung der Welt. Als er auch zuhause nur »unwürdige Leere« und »befremdliches Durcheinander« findet, gerät er vom Kopf bis zu den Füßen ins Schwanken und stürzt über die Brüstung seines Balkons im zwölften Stock eines Hochhauses.

Der Protagonist in David Greigs Theaterstück *The Architect* ist im Unterschied zum Visionär Kessler ein eher künstlerisch veranlagter Architekt. Leo Black – ein passender Name angesichts der meist schwarz gewandeten Baukünstler – ist erfolgreich und liebt seinen Beruf als Berufung, der er sein Leben widmet. Umso bestürzter reagiert er, als er sich plötzlich von Fragen zu seinem Werk bedrängt sieht. Warum, will eine der Mieterinnen seiner mit Architekturpreisen ausgezeichneten modernen Wohnsiedlung Eden Court wissen, sehe, was er gebaut habe, so aus, wie es aussehe? Und warum sei das gebaute Eden Court so hässlich, wo doch das Modell so schön aussehe?

Sein Entwurf, versucht Leo der Mieterin Sheena zu erläutern, basiere auf dem Prinzip Stonehenge, auf einer Gruppe aufrecht stehender Steine. War, fragt Sheena unerbittlich weiter, Stonehenge denn bewohnt? Und befand sich die Jury in einem Helikopter, als sie beschloss, Leo den Preis zu geben?

Seine Aufgabe, versucht Leo zu kontern, sei es gewesen, preiswerte Häuser und damit hoch und dicht zu bauen. Dennoch habe er sein ganzes Können in den Entwurf gelegt und versucht, angenehme Räume zu schaffen und jeder Wohnung eine optimale Ausrichtung zur Sonne zu geben. Ob er nicht wüsste, fragt Sheena unbeeindruckt weiter, dass die Leute Schlange stünden, um auszuziehen, dass sie sich unglücklich und deprimiert fühlten, dass der Ort, an dem sie leben müssten, sie krank mache? Und ob er nicht verstehe, wie wichtig das sei?

Eden Court, antwortet Leo, sei eben Massenwohnungsbau, bei dem man keine Rücksichten auf individuelle Bedürfnisse nehmen könne. Auch wenn ein anderer es entworfen hätte, auch wenn man es abreiße und neue Wohnungen baue, das Grundproblem bleibe: die Armut und die Arbeitslosigkeit der Bewohner. Wenn sie etwas ändern wolle, müsse sie Labour wählen.

Als Sheena nicht an seinen guten Willen und seine Unschuld glaubt und seine Familie in dieser für ihn so bedrohlichen Krise sich nicht für ihn einsetzt, fühlt Leo sich verraten und missverstanden. Als es zum Abriss der Häuser kommt, verliert Leo Black den Lebensmut und lässt sich zusammen mit seinem Werk in die Luft sprengen.

In Stephen Amidons Roman *Traumstadt* dagegen bleibt der Held vom wohlwollenden Autor verschont und vor der Erfahrung des

Scheiterns bewahrt. Der Architekt Barnaby Vine ist Visionär und Unternehmer. Er plant die ideale Stadt, und es gelingt ihm, sie am Salt River zu realisieren. Im Grünen gelegen, kein Wohnhaus ist höher als die Bäume, wohnen in Norton Menschen verschiedenster Herkunft gemeinsam in sauberen, ordentlichen Stadtvierteln. Auch den Armen bietet Barnaby ein menschenwürdiges Heim, denn er glaubt, dass Menschen, in Käfige gesteckt, sich wie Tiere, in anständigen Häusern aber wie Menschen benehmen.

Als sich die ersten Risse in der glatten Traumstadtfassade zeigen – es bilden sich Jugendgangs, es kommt zu Überfällen und rassistischen Aktionen –, bekommt Barnaby Vine davon nichts mehr mit. Sein Autor lässt ihn, von zwei Schlaganfällen niedergestreckt, unschuldig lächelnd mit Hilfe eines indianischen Pflegers windschiefe Häuser aus Bauklötzchen bauen.

## Einstürzende Neubauten
### *Plinius der Jüngere*

Das Theater in Nicaea, o Herr, das zum größten Teil schon steht, aber doch noch nicht ganz fertig ist, hat, wie ich höre, – die Rechnung wurde nämlich noch nicht geprüft –, mehr als zehn Millionen Sesterzen verschlungen, und ich fürchte, für nichts und wieder nichts. Der Bau hat nämlich ungeheure Risse, er senkt sich und klafft auseinander. (…)

Ebenfalls in Nicaea hat man vor meiner Ankunft begonnen, das durch Brand zerstörte Gymnasium wiederaufzubauen, und zwar weit geräumiger und weitläufiger als vorher. Man hat schon einiges dafür aufgewendet – eine nutzlose Ausgabe, wie zu befürchten ist. Es ist nämlich ein planloses und unzusammenhängendes Bauwerk. Außerdem behauptet der Architekt, freilich ein Konkurrent dessen, der den Bau begonnen hat, die Mauern – obwohl 22 Fuß dick – könnten die auf ihnen ruhende Last nicht tragen.

(um 110 n. Chr.)

## BARBARISCHE GOTEN
### *Giorgio Vasari*

Es gibt noch einen anderen Bautyp, den man als den deutschen (gotischen) bezeichnet und der sich in seinen Ornamenten und Proportionen stark von den antiken und modernen unterscheidet. Unter den vortrefflichen Meistern findet er heutzutage keine Verwendung. Sie meiden ihn sogar, weil sie ihn für monströs und barbarisch halten, da alle diese Werke jegliche Ordnung vermissen lassen, so dass man durchaus von Konfusion und Unordnung sprechen kann. Diese Bauten, die so zahlreich sind, dass sie die Welt geradezu verseucht haben, weisen an den Portalen dünne, gedrechselte Säulen in Form von Weinranken auf, die noch nicht einmal die leichtesten Gewichte zu tragen vermögen. Genauso schaffen sie alle Fassaden und andere Ornamente mit einer Plage von übereinander gestellten Tabernäkelchen mit so vielen Fialen, Spitzen und Blattwerk, dass es unmöglich scheint, wie sie dort halten, geschweige denn ihr eigenes Gewicht tragen können, da sie eher aus Papier zu sein scheinen als aus Stein oder Marmor. Ihre Bauwerke zeigen so viele Vorsprünge, Durchbrüche, Konsölchen und Rankenwerk, dass sie ganz aus der Proportion gerieten, und oft erreichten sie mit ihrem Übereinanderstapeln solche Höhen, dass das obere Ende eines Portals schließlich bis zum Dach hinaufreichte. Erfunden wurde dieser Stil von den Goten. Nachdem sie die antiken Bauten zerstört hatten und die Architekten in den Kriegen getötet worden waren, errichteten die Überlebenden in diesem Stil Bauwerke, die sie mit spitzbogigen Gewölben überspannten, und mit diesen entsetzlichen Konstruktionen überschwemmten sie ganz Italien. Dieser Stil existiert nicht mehr, da man sich ganz von ihm freigemacht hat. Gott schütze jedes Land vor dem Eindringen dieser Lehre und Bauweise, die so sehr von der Schönheit unserer Bauwerke abweicht, dass sie es nicht verdient, ausführlicher behandelt zu werden.

(um 1550)

## Reinstes Narrenwerk
*Tobias Smollett*

Der Circus [in Bath], dieser als Prunkstück gedachte Platz und Ge-
bäudekomplex, ist reinstes Narrenwerk und sieht aus, als habe man
die Innenseite von Vespasians Amphitheater nach außen gestülpt.
Betrachtet man ihn in punkto Schönheit, so zerstören die Unzahl
kleiner Türen an den einzelnen Häusern, die verschwindende Höhe der verschiedenen Säulenanordnungen, die gekünstelten, ebenso
kindischen wie unpassenden Verzierungen am Architrav sowie die
von Eisengittern eingefassten, in die Straße ragenden Vorhöfe ein
Gutteil seiner Wirkung aufs Auge. Indes finden wir wahrscheinlich
noch weit größere Mängel, wenn wir seinen Wert von Seiten der
Bequemlichkeit betrachten. Da der Grundriss eines jeden Wohnge-
bäudes Segment eines Kreises ist, leidet die Symmetrie der Räume
zwangsläufig, will heißen, zur Straße hin schnurren die Räume zusammen, während sie in entgegen gesetzter Richtung breit auslau-
fen. Hätte man statt der Vorhöfe und Eisengitter, deren Zweck mir
schleierhaft bleibt, Arkaden um das Bauwerk herumgeführt wie in
Covent Garden, so wäre dies bei weitem prächtiger und beeindru-
ckender; zudem hätten solche Arkaden den Vorzug gehabt, eine be-
hagliche Überdachung zu bieten.
(1771)

## VERSAILLES
### *Louis de Rouvroy de Saint-Simon*

Schönes und Hässliches, Formen von Riesenausmaßen und ganz winzige Gebilde wahllos durcheinander, wie es sich gerade ergab. Die Gemächer des Königs und der Königin sind von größter Unbequemlichkeit, mit dem Blick auf Abtritte und sämtliche düsteren, eingepferchten, übel riechenden Rückgebäude. (…)

Auf der Hofseite erstickende Enge, die riesigen Flügel fliehen ins Leere und haben kein Gegengewicht; auf der Gartenseite beeindruckt zwar die Schönheit der Gesamtanlage, doch glaubt man, vor einem ausgebrannten Palast zu stehen, an dem noch ein Stockwerk und der Dachstuhl fehlen.

(um 1715)

*In Versailles missfällt mir das allgegenwärtige ohnmächtige Verlangen, Großes zu vollbringen. Ich muss immer daran denken, wie Donna Olympia zu Maldachini, der tat, was er konnte, sagte: »Animo! Maldachini. Io ti faro cardinale.« – »Nur Mut, ich werde dich zum Kardinal machen.« Mir kommt es so vor, als hörte ich den verstorbenen König zu Mansart sagen: »Nur Mut, Mansart. Ich werde Dir hunderttausend Livres Rente geben.« Er tat sein Bestes und baute noch einen Flügel, dann noch einen und noch einen. Aber auch wenn er bis Paris weitergebaut hätte, wäre es noch immer nichts Großes gewesen.*
CHARLES-LOUIS DE MONTESQUIEU (UM 1730)

## AUSSCHWEIFUNG UND WOLLUST
*Louis-Sébastien Mercier*


Die Architektur, die früher voll Würde war und sich zu nichts herabließ, hat sich nun der Lockerheit unserer Sitten und Vorstellungen angepasst. Sie bezieht alle Kapricen der Ausschweifung und der Wollust ein und befriedigt sie. Ihre Geheimausgänge und verborgenen Treppen entsprechen dem Geschmack an Moderomanen. Als Komplizin unserer Liederlichkeit ist die Architektur nicht weniger unzüchtig als unsere erotische Dichtung.

Niemand denkt offenbar daran, Paris aufzugeben; jeder möchte prächtiger wohnen als der andere. Ein Architekt, der den raffinierten Neigungen unserer Zeit fern steht, wird für einfallslos gehalten.

(um 1785)

## Der seltene Sinn für das Romantische
### E.T.A. Hoffmann

Als die fürstliche Familie vorüber war, schlug er mir vor, einen Gang durch den Park zu machen und mir, dem Fremden, die geschmackvollen Anlagen zu zeigen, welche überall in demselben anzutreffen; das war mir nun ganz recht, und ich fand in der Tat, dass überall der Geist der Anmut und des geregelten Geschmacks verbreitet, wiewohl mir oft in den im Park zerstreuten Gebäuden das Streben nach der antiken Form, die nur die grandiosesten Verhältnisse duldet, den Bauherrn zu Kleinlichkeiten verleitet zu haben schien. Antike Säulen, deren Kapitäler ein großer Mann beinahe mit der Hand erreicht, sind wohl ziemlich lächerlich. Ebenso gab es in entgegengesetzter Art im andern Teil des Parks ein paar gotische Gebäude, die sich in ihrer Kleinheit gar zu kleinlich ausnahmen. Ich glaube, dass das Nachahmen gotischer Formen beinahe noch gefährlicher ist als jenes Streben nach dem Antiken. Denn ist es auch allerdings richtig, dass kleine Kapellen dem Baumeister, der rücksichts der Größe des Gebäudes und der darauf zu verwendenden Kosten eingeschränkt ist, Anlass genug geben, in jenem Stil zu bauen, so möchte es doch wohl mit den Spitzbogen, bizarren Säulen, Schnörkeln, die man dieser oder jener Kirche nachahmt, nicht getan sein, da nur der Baumeister etwas Wahrhaftiges in der Art leisten wird, der sich von dem tiefen Sinn – wie er in den alten Meistern wohnte, welche das willkürlich, ja das heterogen Scheinende so herrlich zu einem sinnigen bedeutungsvollen Ganzen zu verbinden wussten, – beseelt fühlt. Es ist mit einem Wort der seltene Sinn für das Romantische, der den gotischen Baumeister leiten muss, da hier von dem Schulgerechten, an das er sich bei der antiken Form halten kann, nicht die Rede ist. Ich äußerte alles dieses meinem Begleiter; er stimmte mir vollkommen bei und suchte nur für jene Kleinigkeiten darin eine Entschuldigung, dass die in einem Park nötige Abwechslung und selbst das Bedürfnis, hie und da Gebäude als Zufluchtsort bei plötzlich einbrechenden Unwetter oder auch nur zur Erholung, zum Ausruhen zu finden, beinahe von selbst jene Missgriffe herbeiführe. – Die einfachsten, anspruchslosesten Gartenhäuser, Strohdächer, auf Baumstämme gestützt und in anmutige Gebüsche versteckt, die eben jenen angedeuteten Zweck erreichten, meinte ich dagegen, wären mir lieber als alle jene Tempelchen und Kapellchen; und sollte denn nun einmal gezimmert und gemauert werden, so stehe dem geistreichen Baumeister, der rücksichts des Umfanges und der Kosten beschränkt sei, wohl ein Stil zu Gebote, der, sich zum antiken oder zum gotischen hinneigend, ohne kleinliche Nachahmerei, ohne Anspruch, das grandiose, alte Muster zu erreichen, nur das Anmutige, den dem Gemüte des Beschauers wohltuenden Eindruck bezwecke.

(1814)

## DES STAUNENS NICHT MÜDE
*Victor Hugo*

Über die modernen Denkmäler schweigen wir uns lieber aus. Nicht dass wir sie nicht gebührend bewunderten. Der Sainte-Geneviève-Tempel Soufflots ist unbestreitbar der schönste savoyische Kuchen, den man jemals in Stein gebacken hat. Aber auch der Palast der Ehrenlegion ist ein vortreffliches Zuckerbäckerwerk. Die Kuppel der Kornhalle ist die maßstabsgetreu vergrößerte Mütze eines englischen Jockeys. Die Türme der Saint-Sulpice-Kirche sind zwei dicke Klarinetten, eine Formgebung, die den Vergleich mit andern Bauten durchaus auszuhalten vermag. (…)

Die Börse mit ihrer griechischen Kolonnade, ihren halbrunden römischen Fenster- und Türfassungen und ihrer niedrigen Renaissancekuppel ist zweifellos ein sehr regelrichtig und stilrein gebauter Palast. Dies beweist auch seine Bekrönung, ein Attikadach, wie man es selbst in Athen nie gesehen hat: eine feine, gerade und von Ofenrohren hier und dort harmonisch durchschnittene Linie. Insofern übrigens ein Gebäude, einem Grundsatz der Architektur gemäß, seiner Zweckbestimmung dann entspricht, wenn diese sofort ins Auge springt, wird man des Staunens nicht müde werden angesichts eines Bauwerks, das ohne jegliche Veränderung Königspalast, Volkskammer, Rathaus, Kollegium, Reitschule, Akademie, Lagerhalle, Gerichtshof, Museum, Kaserne, Begräbnisstätte, Tempel oder Theater sein kann. Nun, einstweilen ist es eine Börse.

Des weiteren soll ein Bau dem Klima angepasst sein. Der obige ist offenbar mit klugem Bedacht auf unser kaltes, regnerisches Wetter angelegt. Er hat ein völlig flaches, orientalisches Dach, was bedingt, dass man im Winter den Schnee davon wegfegen muss; doch wozu sind Dächer gemacht, wenn nicht für Fegearbeiten? Die soeben erwähnte Zweckbestimmung erfüllt der Bau aufs trefflichste, dient er doch in Frankreich genauso gut als Börse, wie er in Griechenland hätte Tempel sein können.

Freilich hatte der Erbauer etwelche Mühe, das Zifferblatt zu verbergen, auf dass es den ausgewogenen Aufriss der Fassade nicht beeinträchtige. Umso voller genießt man so die Säulenordnung, die das Ganze umzieht und in deren Schutz an hohen religiösen Feier-

tagen das Ritual der Börsenbeamten und der Makler sich in unge-
störter Würde abwickeln kann.

Das sind ohne Zweifel Meisterwerke der Baukunst. Fügt man dazu noch eine gehörige Zahl von so heiteren und abwechslungsrei-
chen Prachtstraßen wie die Rue de Rivoli, so hoffe ich zuversicht-
lich, dass Paris einst, von einem Luftballon aus betrachtet, gefällige
Fluchten, Blöcke und Ansichten in verschwenderischer Fülle anbieten wird, mit jener schlichten Größe und überraschenden Schönheit, die den Reiz eines Damebretts ausmachen.

(1831)

*Ach, das alte Paris verschwindet
mit erschreckender Schnelligkeit! (…)
Die Warnrufe der Publizisten, die seit
zehn Jahren laut geworden sind, waren
wahrhaftig nicht unbegründet: Die
Baukunst wird durch die gemeinen
Fassaden der Häuser verschimpfiert,
die man in Paris »Rentenhäuser«
nennt und die einer unserer Poeten
in amüsanter Weise mit Kommoden
verglichen hat.*
HONORÉ DE BALZAC (1856)

## Moderner Styl
### *Karl Friedrich Gutzkow*

Wir sind in neuerer Zeit, aus Verzweiflung, einen modernen Styl
in der Baukunst zu erfinden, zur Antike und zum Mittelalter zu-
rückgekehrt und haben damit entweder eine außerordentliche Armut an Geist und Erfindungsgabe zugestanden, oder die bare Prosa
und Nützlichkeitsbestimmung, die einigen vorzugsweise modernen Bauten, z.B. Getreidehallen, Invalidenhäusern usw. zum Grunde lag. Auch der Riss unsres neuen Parlamentsgebäudes erinnert zu
entschieden an das Mittelalter und die unvertilgbaren »faulen Fle-
cken«, als dass man von England behaupten könne, es besäße vor
dem Continente, der sich z.B. in Deutschland, wie bei Klenze, dem
Dilettantismus und, wie bei Schinkel, einer Mischung aller Ge-
schmäcke hingegeben hat, einen Vorsprung. Ein Parlamentsgebäu-
de in dem lichten klaren, modernen Sinne der Reformbill: das war
eine Aufgabe, die ich durch den von dem Parlamente gebilligten
Grundriss nicht gelöst sehe. Das Moderne hat bis jetzt sich immer
nur noch an Brücken, Kanälen, Eisenbahnen und Tunnels bewäh-
ren können; eine moderne Kirche gibt es nicht, wie es auch noch
kein modernes Christentum gibt, es müsste denn ein platter Würfel mit bürgerlichen Fenstern, ein Gebäude in Gestalt eines Kasino's
jetzt für eine Kirche Christi ausgegeben werden dürfen.

(1837)

## PFERDESTÄLLE IM TEMPELSTYL
*Victor Tissot*

Man ist erstaunt, in der Berliner Architektur so wenig Charakteristik und Originalität vorzufinden. Überall Nachahmung: das Brandenburger Thor – eine griechische Nachahmung; das Museum – ebenfalls griechische Nachahmung; das Rathaus, eine auf Bestellung erstellte Gotik, wie jene neu erbauten Schlösser, welche die alten Burgen am Rhein ersetzten; die Siegessäule – eine verfehlte Copie der Julisäule. (…)

Zwischen der Universität und dem Zeughaus steht ein Wachtgebäude, das nach dem Muster eines römischen Kastells erbaut ist, mit einer Vorhalle von dorischen Säulen. Es ist das Werk des Berliner Repräsentanten jener anspruchsvollen neugriechischen Kunst, des Herrn Schinkel, welcher Pferdeställe im Tempelstyl baut. Nächst diesem sonderbaren Wachtgebäude kommt das mit kriegerischen Verzierungen überladene Zeughaus und ihm gegenüber das Palais des Kronprinzen, das einer italienischen Villa ähnlich ist. Ein Kalkanwurf deckt überall den Ziegelbau.

So sieht die Straße aus, welche den Ruhm und Stolz Berlins ausmacht. Die Passanten harmonieren mit dem trüben und graulichen Anblick dieser im Kasernenstyl erbauten Häuser. Nichts Malerisches, Heiteres, Belebtes, Verführerisches wie in den Pariser Straßen.

(1875)

## AUF KOMMANDO
### *Jan Neruda*

Berlin wuchs nicht, Berlin wurde gemacht, seine Gemachtheit ist unangenehm. Berlin wurde auf Kommando gemacht. Die eiserne Hand der Hohenzollern hat hier eine »Weltstadt« hervorgezwungen, die gleiche Hand, die mit dem Stock »ihre Untertanen die Liebe zu den Herrschenden lehrte«, jagte sie auch an die Arbeit, vermehrte gewaltsam sowohl die Anzahl der Häuser als auch die Anzahl der Bewohner. Und auf Kommando stellte sich eine Reihe Häuser neben die andere, hinter sie oder ihr gegenüber, Regiment an Regiment, Karree an Karree. Endlos sind diese Reihen, eine einzige gerade Straße ist fast eine ganze Stunde lang, und all die Häuser sind einander fast zum Verzweifeln ähnlich wie ein Soldat dem anderen, nur manches sticht hervor durch eine reichere Epaulette, ein feineres Uniformtuch.

(1875)

*Zu große Regelmäßigkeit ist manchmal, ja sogar oft unschön. Es gibt nichts, was so schön wäre wie der Himmel, aber er ist von Sternen ohne Ordnung übersät. Die Häuser und Gärten im Umkreis von Paris haben nur den Mangel, dass sie einander zu ähnlich sehen, immer sind es nur Kopien nach Le Nôtre. Man sieht immer denselben Ausdruck. Wenn man ein unregelmäßiges Gelände besitzt und ein Haus darauf bauen will, das wie die anderen aussieht, macht man den Baugrund erst einmal regelmäßig, anstatt ihn so zu bebauen, wie er ist. Unsere Häuser sind wie unser Charakter.*
CHARLES-LOUIS DE MONTESQUIEU (UM 1740)

## MASKENHAFTES
### *Friedrich Nietzsche*


Der Stein ist mehr Stein als früher. – Wir verstehen im allgemeinen
Architektur nicht mehr, wenigstens lange nicht in der Weise, wie wir
Musik verstehen. Wir sind aus der Symbolik der Linien und Figu
ren herausgewachsen, wie wir der Klangwirkung der Rhetorik ent-
wöhnt sind, und haben diese Art von Muttermilch der Bildung nicht
mehr vom ersten Augenblick unseres Lebens an eingesogen. An einem griechischen oder christlichen Gebäude bedeutete ursprünglich
alles etwas, und zwar in Hinsicht auf eine höhere Ordnung der Dinge: diese Stimmung einer unausschöpflichen Bedeutsamkeit lag um
das Gebäude gleich einem zauberhaften Schleier. Schönheit kam nur
nebenbei in das System hinein, ohne die Grundempfindung des Un-
heimlich-Erhabenen, des durch Götternähe und Magie Geweihten
wesentlich zu beeinträchtigen; Schönheit milderte höchstens das
Grauen – aber dieses Grauen war überall die Voraussetzung. – Was
ist uns jetzt die Schönheit eines Gebäudes? Dasselbe wie das schöne
Gesicht einer geistlosen Frau: etwas Maskenhaftes.

(1879)

## Kein Sitz architektonischer Schönheit
### *Theodor Fontane*

Das neue London, besonders auf dem Waterloo-Platz, – wo sich zu den schönen Baulichkeiten des Platzes selbst, die eleganten Clubhäuser Pall-Malls und einzelner Nachbarstraßen gesellen – präsentiert eine Anzahl von Gebäuden, auf denen auch das Auge des Architekten mit Anerkennung verweilen wird, aber diese Bauten, wie zum Teil vollendet an und in sich, haben doch überwiegend den Charakter von Privathäusern und bieten, wenn mir diese Wendung gestattet ist, nicht Masse genug dar, um den Baumeister so recht als einen Meister zu zeigen. Erst in voller Bewältigung massenhaften Stoffs, im Innehalten der Schönheit auch innerhalb der größten Dimensionen, offenbart sich der Meister. Alle diese Gebäude sind, vielleicht nicht ihrem Wert, aber ihrer Gattung nach, zweiten Ranges. (…)

London ist kein Sitz architektonischer Schönheit. Wenn einst die Hand der Vernichtung über diese Häusermasse kommen wird, wird ein meilenweiter Steinhaufe von der Weltstadt erzählen, die hier sich hinzog, aber das Fehlen von Säulentrümmern und ionischen Kapitälern, von Torso und bildgeschmücktem Fries – wird darauf hindeuten, dass es keine Welt voll Schönheit war, die hier dem Zeitlichen erlag.

(1854)

## Steinwanst
*Jacob Burckhardt*

In meiner Nähe habe ich zum Bummeln die schönsten Strassen von London, Pall-Mall, Piccadilly etc., Whitehall, das Parlament etc. Aber man macht grässliches Zeug. In Trafalgar Square ragt jetzt herein ein siebenstöckiger, skulpturreicher, ovaler Steinwanst, welcher der Vollendung entgegengeht und Grand Hôtel heißen wird, für diejenigen Sterblichen, welchen es egal ist, per Tag 50 Shillings auszugeben. Daneben aber muss ich sagen: Die Engländer sind darin groß, dass sie sich nicht im Stil genieren; wenn es einem Spekulanten in Teppichen, in Steingut, in Schuhen oder in Guttapercha-Artikeln beliebt, sein Haus anglonormannisch oder venezianisch oder gotisch oder Renaissance oder Elisabethan-Style zu bauen, so tut er es.
(1879)

*Das Gefängnis hätte ebenso gut das Krankenhaus, das Krankenhaus ebenso gut das Gefängnis sein können. Das Rathaus hätte eines von beidem oder beides oder irgend etwas anderes sein können; die Anmut ihrer Bauart jedenfalls widersprach dem durchaus nicht.*
Charles Dickens (1854)

## ALTES GERÜMPEL
*Wilhelm Raabe*

»Es hat uns noch keine Nivellierung so viele Mühe verursacht als diese hier,« sagte er, »aber dafür wird auch keine der neu projektierten Straßenanlagen die Stadtbevölkerung in ihrer Vollendung so sehr überraschen und erfreuen wie diese. Den Kanal hinter den wackligen Mauern füllen wir natürlich aus, da haben wir dann noch die Rudera einer alten Stiftung, die müssen selbstverständlich weg. Die alten Damen verlegen wir vor das Tor in eine gesunde, wahrhaft idyllische Gegend, und so kommen wir hier aus dem Mittelpunkte der Stadt in gradester Linie zum Bahnhofe, – ohne dass zu dieser Stunde ein Mensch in diesem hier umliegenden Gerümpel irgendeine Ahnung davon hat. Es ist wundervoll!«

»Das ist es!«, rief ich mit höchstem Enthusiasmus. »O ihr gütigen Götter!«

»Und es ist nicht allein ein Wunder der kaufmännischen Spekulation, sondern es wird auch ein Wunder der modernen Architekturwissenschaften«, rief mein freundlicher Auskunftgeber, den meine Begeisterung nun noch über die eigene empor riss. »Sie glauben es gar nicht, was alles wir uns hier vorgenommen haben!«

»O doch!«, stöhnte ich aus tiefster Brust. »Ich kann es mir in größter Deutlichkeit vorstellen. Also wirklich, von dem, was wir jetzt hier um uns sehen, bleibt nichts aufrecht?«

»Nichts!« sprach mit entflammtem Nachdruck mein entzückter, begeisterter Baukünstler. »Haben sie doch jetzt angefangen, Nürnberg abzutragen; also sehe ich nicht im mindesten ein, weshalb wir grade diesen wohl konservierten Ruinen gegenüber mit größerer Schonung vorgehen sollten.«

(1874)

## OPULENTE BARBAREI
### *Guy de Maupassant*

Wenn man diese prächtigen Behausungen betritt, die leider von den Nachfahren jener großen Bürgersleute der stolzesten aller Republiken die abscheulichsten Bemalungen erdulden mussten, wenn man ihren Baustil, die Höfe, die Gärten, die Säulengänge, die inneren Galerien, diese dekorative und in ihrer Gesamtheit großartige Anordnung, mit der opulenten Barbarei der schönsten Pariser Heime von heute, mit allen modernen Millionärspalästen vergleicht, deren Bewohner für nichts als Geld empfänglich und unfähig sind, etwas Schönes, Neues zu begreifen, es sich zu wünschen und mittels ihres Geldes erstehen zu lassen – dann erkennt man, dass die wahre Distinktion edler Geistigkeit, dass der Sinn für die Schönheit auch der geringsten Einzelheit der Formen, für die Vollkommenheit der Maße und Linien, aus unserer demokratisierten Gesellschaft, diesem Gemisch aus reichen Finanzleuten ohne Geschmack und Emporkömmlingen ohne Tradition, völlig geschwunden sind. (…)

Der Architekt wird beauftragt, ein schönes Haus zu bauen, das einige Millionen kostet. Er bekommt fünf oder zehn Prozent des Aufwands, je nach Art und Umfang der künstlerischen Arbeit. Der Dekorateur erhält – zu unterschiedlichen Bedingungen – den Auftrag, die Ausschmückung durchzuführen. Da diese Handwerker und Lieferanten die angeborene Ahnungslosigkeit ihrer Kunden genau kennen und sich gar nicht erst in die Gefahr begeben, ihnen etwas Unbekanntes vorzuschlagen, begnügen sie sich meist damit, ungefähr zu wiederholen, was sie für andere schon gemacht haben. (…)

Die Architektur ist tot in unserem Jahrhundert, das zwar noch künstlerisch zu nennen ist, aber nicht mehr fähig zu sein scheint, aus Steinen Schönheit zu machen, und dem die Gabe der geheimnisvollen Verzauberung durch die Linienführung, der Sinn für das Anmutige an einem Bauwerk abhanden gekommen sind. Wir scheinen es nicht mehr fassen zu können, dass allein die Proportionen einer Wand die gleiche Empfindung künstlerischen Entzückens und tiefer Beglückung auslösen können wie das Meisterwerk eines Rembrandt, Velasquez oder Veronese.

(1890)

## MODISCHE AUSGEBURTEN
*Michael Georg Conrad*

Jetzt stehen die Sachen so: wie es Mode-Schneider gibt, so etablieren sich die Mode-Architekten. Diese tun ein Bureau auf. Da liegen die architektonischen Modezeitungen. Man hat alle Stilmuster auf Lager: das klassische, das gotische, das deutschrenaissanceliche, das kompromissliche usw. Alle Vierteljahre schiebt man den neuesten alten Stil als den tonangebenden in den Vordergrund: dem gehört die Zukunft!

Wie man zum Schneider geht, um sich einen Anzug nach neuester Mode zu bestellen, so geht man jetzt zum Baumeister und steckt die Nase in das letzte architektonische Modejournal und bestellt sich ein Haus nach neuester Mode.

»Sie befehlen, Herr Kommerzienrat?«

»Wünsche mir ein Haus beizulegen.«

»Sehr schön. Stehe zu Diensten. Habe die größte Auswahl.«

»Was können Sie mir als das Modernste empfehlen?«

»Hier dieses Barock, ein steinaltes famoses Muster, würde Ihnen ausgezeichnet stehen.«

»Gut. Lassen Sie das Maß nehmen. Baugrund liegt da und da.«

»Wie Sie befehlen.«

»Und bis wann kann ich das Haus haben?«

»Wir liefern in kürzester Frist fix und fertig ab. Ist die Witterung günstig, spätestens in drei Monaten. Garantie für gute Ware.«

Auch die architektonischen Abzahlungsgeschäfte kommen mehr und mehr in Schwung. Da werden im Fabrikbetrieb gleich eine ganze Anzahl Häuser fertig gestellt. In irgend einer unmöglichen, aber billigen Gegend, in der Nähe der Vororte, auf steiniger, schattenloser Ebene, wo alle Winde im Winter zusammenheulen und pfeifen, dass es ein Grauen ist, schießen plötzlich Dutzende von Häusern, gleich Pilzen aus einem Sumpfe, aus der Erde. Nun sucht das wohllöbliche Baukonsortium seine Fabrikware stück- oder wenigstens stockwerkweise an den Mann zu bringen. Natürlich gibt man dieser noch unbewohnten Ansiedlung gleich einen lockenden, am liebsten recht patriotisch klingenden Namen, z.B. Neuwittelsbach, Neugermanien usw.

Und eine solche Kunst soll das Volk ins Herz schließen? Eine solche Kunst soll unsere nationalen Bestrebungen, unsere sozialen Ideale verkörpern? Eine solche Bauerei soll einen edleren, lebendigeren Zusammenhang zwischen den Menschen stiften und zur Begeisterung für höhere Ziele entflammen?

Wenn Du einmal, mein lieber Max von Drillinger, in kritischer Stimmung bist und nicht gerade in verliebten Absichten durch die Quaistraße schlenderst, bitte, betrachte Dir diesen ungeheuerlichen Häuserblock mit ästhetisch prüfendem Auge; stelle Dich unter eine der schönen alten Kastanien, die man bei der Quai-Anlage allerdings bis zum Halse hinauf in Kies eingestampft hat, so dass sie über kurz oder lang elend ersticken müssen, einstweilen aber lebensmüden Münchener Packträgern als einladende angenehme Naturgalgen zum Aufhängen dienen – und mustere einmal Haus für Haus!

Dass das Material unecht und der Sandstein nur nachgeahmt ist, wäre noch die geringste Ausstellung an diesen erlogenen Prachtbauten, die wie Schwalbennester aneinandergeklebt sind, plump und massig; aber diese Öde der Stilmengerei, diese entsetzliche Langeweile in der Linienwirkung, dieser Ungeschmack im gelben, roten, grauen, ochsenblütigen Verputz!

Und nun überschreite die Isar auf der Maximiliansbrücke und betrachte Dir am andern Ufer von der Höhe der Gasteig-Anlagen noch Mal dieses Barbarenwerk der Quaistraße, wie es mit seiner blöden, plumpen, protzenden Massigkeit die schöne, malerische Silhouette der alten Stadt zudeckt, als hätte man einen Riesenwürfel oder eine Kulisse davor geschoben, so dass mit knapper Not noch einige ferne Turmspitzen über diese dicke waagerechte Linie am Horizonte aufragen. Und erst bei Mondschein, wie schlägt diese trostlose Ausgeburt der Architektenspekulation aller Poesie des Isar-Ufers ins Gesicht!

(1888)

## DER DOM
### *Karl Scheffler*

Nur so ist der neue Dombau, wie er nun vollendet vor der dumpf staunenden Menge sich erhebt, verständlich: als eine riesenhafte Staatsreklame für einen Gedanken der Staatsdisziplin und dynastischen Machtentfaltung.

Der Gottesdienst muss sich diesen äußeren Zwecken vollkommen unterordnen. Nicht einen Predigtraum brauchte man in erster Linie, nach dem einst von einer Gemeinde aufgestellten Grundsatze: »Die Kirche soll im allgemeinen das Gepräge eines Versammlungshauses der feiernden Gemeinde, nicht dasjenige eines Gotteshauses im katholischen Sinne an sich tragen«, sondern die Forderung ging auf einen gewaltigen Kuppelraum, mit Säulen und Statuen in Metall und Marmor, mit Bildern und Mosaiken, mit Logen für den Hof und für das seidene Hofgesinde, mit Musikemporen und Chortribünen, man wollte einen katholisch prunkenden Dom: eine Jesuitenkirche. Nicht bewusst wollte man es; aber der Instinkt hat gesprochen und so ist uns diese Reichsrenommierkirche, worin der Glanz und die Pracht und die Herrlichkeit des Kaisertums sich dem Volke überwältigend entfalten, beschert worden.

Ein Einzelner ist hierfür nicht wohl verantwortlich zu machen. Die Dinge liegen in unserer Zeit in der Tat so, dass man sich an der Stelle, zwischen Schloss und Museum, eine einfache Predigthalle, eine öde Langkirche nicht denken mag. Man muss die Hofkirche gelten lassen und schließlich sogar die dem protestantischen Gottesdienst absolut widersprechende Form der Zentralanlage (die Form aus Byzanz!); unverantwortlich ist nur die Art der Ausführung.

Auch Schinkel hatte unter anderem eine Zentralkirche geplant; hätte er sie doch gebaut! Die Türen hätten ewig verschlossen bleiben können, wenn der Platz uns nur gerettet worden wäre; und das hätte dieser Künstler mit seinem sicheren Raumgefühl, seinem reifen Formensinn gewiss vollbracht. Er hätte das rechte Verhältnis gefunden und nicht so einen Popanz errichtet, der die ganze charaktervolle Umgebung überschreit. Es gab doch die schlanken Gendarmenkirchen als Vorbild, oder die wichtigere Dresdener Frauenkirche; und sollte es durchaus italienisch sein, so waren doch auch dann die vollkommensten Muster zur Hand.

O Gott! Wie wenig Musik tragen doch die Heutigen in der Seele! Sie messen jede Schönheit und versehen es doch, weil sie den organischen Verband der Teile mit dem Ganzen nicht fühlen; sie tragen mit emsigem Fleiß auf einen Fleck zusammen, was einst viele persönliche Künstler, jeder für sich, gebildet haben, glauben so eine Quintessenz zu geben und richten doch nur ein Ragout an; unter ihrer Hand wird das genial Geschaffene zum Schema, das motivierende Bauglied zur Dekoration, die Musik des Ornamentalen zum Spektakel; auf dem Wege durch ihren in Schulwissen verdorrten Geist wird das grandios Schöne wie das spielerisch Graziöse zu Phrasen umgemünzt, die dann unter den Handwerkern von Hand zu Hand gehen. Raschdorff ist nicht schlimmer als seine Kollegen, ja, ist vielleicht gebildeter als die meisten. Aber er ist nicht die Spur Künstler. Sein Werk, das ihn ein Jahrzehnt und länger beschäftigt hat, ist ein vollkommener Prototyp der ideenlosen, kompilatorischen, rein wissenschaftlichen, großmannssüchtigen Bauweise, die die drei Jahrzehnte nach dem Krieg charakterisiert. Dieser Dom verhält sich zur Peterskirche wie ein westliches Berliner Mietshaus zu einem Florentiner Palazzo, wie eine Skulptur von Eberlein zu einer von Michelangelo oder wie Prells Malereien im Dresdener Albertinum zu denen der Sixtinischen Kapelle. Die deutschen Künstler sind alle in Italien gewesen, um die alten Meister zu »studieren«; aber sie haben nie mit ganzer Kraft ihr eigenes Leben gelebt, weder im Süden noch im Norden. Genau dort, wo Künstler dieser Art mit der Pflege ihrer berüchtigten »Traditionen« aufhören, beginnt die wahre, anregende und schöpferische Pietät.

Die rein kubische Mächtigkeit der Massen des neuen Doms hätte wirken müssen, wenn nur ein wenig wirkliche, lebensvolle Harmonie zustande gekommen wäre; nun aber ist das niedrige, im Vergleich kleine Museum Schinkels großräumig und monumental gegenüber der bunten Unruhe des Kolosses. Nicht dass es Renaissanceformen sind, ist tadelnswert, sondern dass es schlechte Formen sind. Es gibt geschickte Kompilatoren, deren Geschmack aus dem Alten ein Neues zu machen weiß; Raschdorff aber ist noch nicht einmal zu jener mittleren Erkenntnis vorgeschritten, die dem Architekten zeigt, dass die Fläche das vornehmste Dekorationsmittel ist. Das lehren, um die erreichbaren Beispiele gleicher Art zu nennen, die Gendarmenkirchen und Schinkels Nikolaikirche in Potsdam (auch ein Kuppelbau, aber mit rechteckigem, hallenartigen Grundriss), und noch besser die unmittelbaren italienischen Vorbilder. Die Säulenreihen mögen genau gemessen sein: sie stehen doch in schlechter Proportion zu den Massen, die sie tragen; die Kuppel mag nach den besten Erfahrungen konstruiert sein: sie sitzt doch falsch auf ihrem Unterbau; die Glockentürme sind gewiss, kunsthistorisch betrachtet, nicht Willkürlichkeiten: aber sie sehen leider so aus; der überreiche Schmuck mag sich Stück für Stück in Italien nachweisen lassen: er ist und bleibt doch eine Anthologie für Baugewerksschüler. Diese Art zu bauen ist, als nähme ein Anatom von zwanzig Pferden verschiedene Körperteile, um ein Idealpferd zusammenzustellen. Das so konstruierte Muster würde nicht nur tot sein – was ja immerhin nicht ganz unwesentlich ist –, sondern auch abscheulich charakterlos.

(1904)

## DER MODE GEFÄLLIG
*Jacob Burkhardt*

Ganz begierig wäre ich, von Ihnen zu vernehmen, wie Sie jetzt Paris und Rom gegeneinander verrechnen, und was Sie jetzt von dem künstlerischen Gewissen einiger berühmter Architekten denken. Denn bloße Geschmackssache sind Nouveau Louvre, Opéra usw. nicht mehr, wenn man seine Schule in Italien gemacht hat oder gar Grand Prix de Rome gewesen ist; man muss etwas von seiner Moralität aufopfern, um solchergestalt der Mode gefällig zu sein. Wie völlig ohne Größe sind diese riesigen neuen Pariser Bauten! Von den speziellen Gründen der Hässlichkeit zu schweigen. Wer Millionen wegwerfen könnte, um Zeitgenossen zu blamieren, der müsste einmal an irgendeinem Boulevard mit einem Stück echten, derben Italiens aufrücken. Vielleicht gingen den Parisern dabei die Augen auf. Und zwar müsste es nicht eine römische Fassade, sondern eine im Stil des Sanmicheli sein, damit sie einmal sähen, wie Monsieur Garnier seine Aufgabe hätte fassen können, und wie Pracht und Würde sich nicht ausschließen.

(1870)

## DER EIFFELTUM
*Egon Friedell*

Für dieses berühmteste Bauwerk des Zeitalters ist es bezeichnend, dass es bei aller Riesenhaftigkeit seiner Dimensionen doch nippeshaft wirkt, was eben daher kommt, dass die subalterne Kunstempfindung der Epoche überhaupt nur im Genregeist und in Filigrantechnik zu denken vermochte; daher ließ es sich auch verkleinern und tatsächlich als Nippesgegenstand verwenden, was bei wirklich groß konzipierten Kolossalbauten unvorstellbar ist: die Sphinx wäre als Nußknacker, die Cheopspyramide als Nadelkissen unmöglich.

(um 1930)

*Ich habe Paris und sogar Frankreich verlassen, weil der Eiffelturm mich schließlich zu sehr ärgerte. Nicht genug, dass man ihn von überall sieht, nein, er ist auch überall und in jedem erdenklichen Material erhältlich, in jedem Schaufenster ausgestellt, ein unentrinnbares, ein quälendes Alpdrücken. Wie konnten es die Zeitungen nur wagen, uns in Verbindung mit diesem metallenen Gerippe von neuer Architektur zu sprechen!*
GUY DE MAUPASSANT (1890)

## Riesenspielzeuge aus Zuckerguss
*Egon Friedell*

Diese angeblich so realistische Zeit hat nichts mehr geflohen als ihre eigene Gegenwart. Der berühmte Architekt und Lehrer der Baukunst Gottfried Semper stellte das Programm auf, der Stil eines jeden Gebäudes bestimme sich durch historische Assoziation: so solle ein Gerichtshaus etwa an einen Dogenpalast, ein Theater an eine römische Arena, eine Kaserne an eine mittelalterliche Befestigung erinnern. In Anlehnung an diese Prinzipien errichtete man zum Beispiel in Wien ein Rathaus, das wirkt, als ob es nach der Vorlage eines Kindermodellierbogens gebaut wäre, die Votivkirche, die wie ein Riesenspielzeug aus Zuckerguss aussieht, und vor dem Parlament eine enorme Pallas Athene, von der jedermann überzeugt ist, dass sie aus Stearin besteht. Als Gehäuse für die Londoner Börse wählte man (und zwar mit vollem Recht) einen veritablen Tempel.

Ein Magistratshaus musste immer gotisch sein, infolge einer (falschen) Assoziation von Mittelalter und Stadt, ein Abgeordnetenhaus immer antik, infolge einer (ebenso falschen) Assoziation von Altertum und Repräsentativverfassung, ein Bürgerpalais barock, offenbar weil man in diesem (gefälschten) Stil am protzigsten ornamentieren konnte, ein Bankhaus florentinisch, aus einem (vielleicht unbewusst) gefühlten Zusammenhang des modernen Börsenkondottieres mit der Amoralität des Renaissancemenschen.

(um 1930)

## ÄSTHETISCH VERWÜSTET
### Otto Julius Bierbaum

Traurig, aber wahr: Das alte, edle herrliche Florenz ist in die Hände von Barbaren geraten, die mit scheußlicher Konsequenz erfolgreich am Werke sind, es zu verschandeln. Die Liga, die sich zu seiner Verteidigung gegründet hat, scheint machtlos zu sein, es zu verhindern, dass die Geburtsstadt der italienischen Malerei, die Vaterstadt Dantes und Michel Angelos, ästhetisch verwüstet wird. Sie vermag nichts wider den »Zeitgeist«, der unter der Fahne des »progresso« über alles Schöne wegtrampelt, von allem Vornehmen fortschreitet in eine erbärmliche, hässliche Gewöhnlichkeit. (…)

Gestern sah ich unweit der Porta romana einen Neubau, der aufs gräßlichste an die Baugräuel der achtziger Jahre in Deutschland erinnerte. Selbst beim Villenbau, für den hier Tausende klassischer Muster vorhanden sind, beginnt eine Art Perversität des Geschmacks einzureißen. Schon kann man spitze Giebel und Holzfachwerk wie bei Schweizerhäusern sehen.

(1910)

Mit Baulichkeiten ist es misslich,
ob man sie schätzt, ist ungewisslich.
WILHELM BUSCH (1904)

## FESTLICHER ZEITGEIST
*Max Dauthendey*

Es scheint mir oft, als hätten unsere Architekten in ihren neuesten Bauten noch nicht dem aufgeklärten festlichen Zeitgeist voll Rechnung getragen. Wohl wirkt die große Vereinfachung in der heutigen Architektur befreiend. Aber es fehlt noch die Selbstverständlichkeit der Formen.

Zu viel geschultes Wissen, zu wenig innerliche Freiheit gestalten den heutigen Baustil. Es sind noch nicht alle Dumpfheiten alter Weltanschauungen vollkommen überstanden. Es herrscht noch nicht in der Architektur die selbstverständliche einfache Weltallfestlichkeit, die angeboren in uns lebt.

Den meisten unserer Bauwerke fehlt in der Linie noch die natürliche Beherrschung, mit welcher zum Beispiel ein Vogel von Baum zu Baum fliegt, mit der ein Reh aus dem Waldsaum tritt, mit der die Biene arbeitet und die Forelle gegen den Bachstrudel schwimmt, mit der das Buchenblatt sich aus seiner braunen Schutzkapsel entfaltet, mit der jede Baumart ihre verschiedenen zackigen Blätter naturgefällig hervorbringt.

Bauformen müssen so körperlich klug wie geistig klug sein und Nutzen und Schönheit in unzertrennlicher klarer Einheit vereinigen.

Aber ich will nicht damit sagen, wenn ich die alten griechischen Baudenkmale lobe, dass man, wie man es zu Anfang des neunzehnten Jahrhunderts getan, zu Napoleon des Ersten Zeit und später, die griechische Säulenwelt nachgeahmt bei uns aufstellen soll. Ich möchte nur darauf hinweisen, dass, wenn wir eine befreite festliche Innerlichkeit, mit der der Grieche das Alltagsleben in jedem Augenblick auffasste, auch bei uns wirken lassen wollen, so werden wir dann auch zu geistig freieren Bauwerken, unserem Klima angepasst, zu einem edlen, unveränderbaren feststehenden Stil kommen.

(1913)

## ZWANZIG SÄULEN ERLEDIGT
*Victor Auburtin*

Die Zerstörung des Parthenontempels ist einst – und zwar mit Recht – als eine artilleristische Leistung ersten Ranges angesehen worden. Es waren die venezianischen Truppen – Bosniaken, Albanesen, Kroaten, Kutzowallachen –, die der General von Königsmark kommandierte; General Graf v. Königsmark, Exzellenz. Die haben im Jahre 1672, oder so ähnlich, das Pulvermagazin, das in dem Parthenon war, hoch gespritzt.

Am Abend des denkwürdigen Tages sandte der General seinen Heeresbericht nach Hause: »Unsere kutzowallachischen Batterien 1 bis 4 nahmen heute Stadt unter anhaltendes Feuer. Nachmittags 4 Uhr 30 Minuten gelang es dritter Batterie, durch wohl gezielten Meisterschuss Pulvermagazin, so genanntes Parthenon, Luft sprengen. Zwanzig Säulen erwähnten Parthenons eingestürzt, und ist derselbe hiermit als erledigt anzusehen. Gez. v. Königsmark.«

Darauf wurden zu Hause die Fahnen heraus gesteckt; die Landesuniversität ernannte den General v. Königsmark zum Doktor der Philosophie hon. c.; und die Dichter schrieben, das Leben eines kutzowallachischen Komitatschisoldaten sei mehr wert als alle dorischen Tempel Griechenlands.

(1924)

## SCHWINDELBAUTEN
*Joseph Roth*

Diese jungen Häuser sind alle Schwindelbauten. Der Herr Baumeister hat in drei Tagen seinen Plan fertig, und vierhundert Arbeiter sind mit der Errichtung des neuen Hauses beschäftigt. In vierzehn Tagen kann man einziehen. Ein halbwegs ehrgeiziger Windstoß könnte dieses Gebilde aus zentimeterdünnen Wänden umblasen wie ein Kartenhaus. Es ist aus Papiermaché. Ein paar armselige Blumenornamente unter dem First, auf denen nicht einmal ein Spatz ordentlich stehen kann, sollen eine Physiognomie vortäuschen. In Wirklichkeit haben diese Häuser alle dasselbe Gesicht. Keine Physiognomien, nur Nummern. Die Namen der Straßen sind ohne innere Berechtigung, man könnte sie miteinander verwechseln, wenn sie nicht verschiedene Straßenbahnwagen durchfahren würden. Kein Haus tritt vor, keines zurück, sondern alle stehen schnurgerade ausgerichtet in einer Reihe. Es ist der Militarismus der Häuser. Jahre-, jahrzehntelang wohnen wir in diesen Phantomen von Häusern. Sie sind keine Wohnhäuser, nur Schutzhütten vor den Stürmen des Tages, in denen wir nächtigen, essen und trinken, aber nicht wohnen.

(1919)

E*s gibt böse Kleckse im Stadtbild:*
*so ist zum Beispiel die entzückende*
*Place Dauphine auf der Ile de la Cité*
*durch eine geradezu wilhelminische*
*Treppenscheußlichkeit des Palais de Justice*
*so ruiniert, dass man das Plätzchen, das*
*da so still inmitten des Autogebrauses liegt,*
*nur mit dem Rücken zu dieser Herrlichkeit*
*genießen kann.*
KURT TUCHOLSKY (1924)

## SPERRZONE
*Peter Handke*

La Défense müsste eigentlich Sperrzone sein – weil da die Geheimnisse der technokratischen Welt sich ganz unverschämt verraten. Ein Stacheldraht gehört ringsherum und Schilder »Fotografieren verboten«. Aber die verantwortlichen Unmenschen in ihren menschenwürdigen Umgebungen sind sich schon zu sicher. Geil lassen sie auf den Tafeln vor dem Hochhausunterschlupfen ihre Namen leuchten: Bank von Winterthur, Chase Manhattan Bank, Siemens, Esso …

Die Architekten und Planer sollen sich inzwischen von ihren eigenen Entwürfen distanzieren, hört man.

Was ist das, ein Architekt?

(1974)

*Was bedeuten diese Häuser? Wahrlich, keine große Seele stellte sie hin, sich zum Gleichnisse!*
*Nahm wohl ein blödes Kind sie aus seiner Spielschachtel? Dass doch ein anderes Kind sie wieder in seine Schachtel täte!«*
FRIEDRICH NIETZSCHE (1883)

## SKANDAL
*Julian Green*

Zu sagen, es sei eine Art von Wunder, ein Wunder, an dem wir uns täglich erfreuen, dass Paris nach all den Jahren der Zerstörung immer noch steht, ist zu einem Gemeinplatz geworden. Aber wenn auch die Kriege der Schönheit von Paris nichts anhaben konnten, so ist es nicht minder ein Wunder, dass die Stadt nichts gegen die Spitzhacken der Pariser vermag, wenn diese auf Zerstörung aus sind, und auch nichts gegen die seltsamen Einfälle ihrer Architekten, wenn man ihnen nicht auf die Finger schaut! Es kümmert mich wenig, wer derjenige war, der diese sonderbare Abscheulichkeit errichtet hat, die man jetzt an der Ecke der Rue des Saints-Pères und der Rue Jacob erblickt, und es ist mir auch gleich, warum sie dort steht, denn, um ihr gerecht zu werden, ist ihre Hässlichkeit so beredsam, dass jede mögliche Erklärung sich von vorneherein erübrigt. Wir müssen uns mit der Tatsache abfinden, dass sie nun im Herzen eines der schönsten Viertel der Stadt steht, die den stolzen Anspruch erhebt, die schönste Stadt der Welt zu sein, und der Skandal ist groß. Die Struktur dieser medizinischen Hochschule steht in nichts der Schwerfälligkeit und Trübseligkeit eines jeden während des Krieges errichteten Blockhauses nach, und sie verdiente es, dass man das einst von den Römern gegen die Barberini geprägte Wort in entsprechender Abänderung über ihre Tür schriebe: »Was die Barbaren nicht zustande brachten, haben die Pariser getan.«
(1985)

## MENSCHENSCHRANK
### *Kurt Tucholsky*

Heute wird so ein Ziegel- und Betonkasten rasch errichtet. Es dauert nicht lange, und hopp-hopp-hopp wächst der Würfel aus dem Boden. Die Maurer klatschen rasch und schematisch ihren Mörtel auf die Ziegel, mauern, ein Kran schleppt die Ziegel nach oben, manchmal hängt ein kümmerlicher Kranz auf dem fertig gestellten First – sinnlose Allegorie einer alten Erinnerung: das Richtfest. Jetzt hängt er da, wo die letzten Hypotheken wackeln.

Die Menschen wohnen in Schubladen. Vier Finger breit trennt Lebewesen Schulze von Lebewesen Müller – ein Querschnitt durch das Haus müsste die sonderbarsten Konstatierungen geben, was da Alles zu gleicher Zeit geschieht … Auf den Zeichnungen von George Grosz ist dergleichen zu sehen, und Max Hermann-Neiße hat einmal ein kleines Gedicht verfertigt, in dem so ein Querschnitt gezogen ist. Sie hören sich gegenseitig … sie stören sich gegenseitig. Ein Menschenschrank.

(1924)

## KEIN SIEG DER ZWECKMÄSSIGKEIT
*Ilja Ehrenburg*

Im Sommer 1925 wurde in Paris die Internationale Ausstellung er-
öffnet. Die italienischen Faschisten zeigten ihre Großmannssucht
und Stumpfheit (sie nannten das Neoklassizismus). Unter den an
sonsten ausgesprochen grauen und farblosen französischen Bauten
fiel der von Corbusier gebaute Pavillon der Zeitschrift »Esprit Nouveau« auf. Der Clou der Ausstellung war das sowjetische Haus, eine
Schöpfung des jungen konstruktivistischen Architekten K.S. Mel-
nikow. Wie so manches, was unsere Konstruktivisten und LEF-Leu-
te taten, konnte man diesen Pavillon nicht gerade einen Sieg der
Zweckmäßigkeit nennen: Die Treppe ließ sich nur mit Mühe be-
steigen, der schräge Regen drang in die Räume.
    (1962)

D*urch Ödnis. Die Unbehaglichkeit
einer Neubausiedlung. Neu geschaffen,
doch nicht geboren. Die ganze Unbehaglichkeit munizipaler Vorsätzlichkeit.
Da war eine Ebene, man entschied –
Häuser angetreten. Und sie traten an,
wie Soldaten. Gleichförmige Häuser,
bezugsfähig-unwohnlich. Bauten, nicht
Häuser. Hier kann man hinfahren, und
von hier kann man – muss man! –
wegfahren, hier wohnen unmöglich.*
MARINA ZWETAJEWA (1922)

## Bauhaus
*Ilja Ehrenburg*

Ich war in Dessau, wo sich jetzt das Bauhaus befindet – die Schule der modernen Kunst. Ein Haus aus Glas. Der Stil der Epoche ist gefunden: der Kult der trockenen Vernunft. Die umliegenden Wohnhäuser, im gleichen Stil erbaut, sind furchtbar, sie ähneln einander so sehr, dass die Kinder sie verwechseln. Es heißt, der neue Stil eigne sich für Fabriken, Bahnhöfe, Garagen, Krematorien; der Wohnhäusern adäquate Stil sei hingegen noch nicht gefunden. Ich glaube kaum, dass man ihn finden wird; die Menschen leben jetzt am Arbeitsplatz, nicht zu Hause. Im Haus des Architekten Gropius befindet sich eine Vielzahl von Knöpfen und Hebeln, die Wäsche wird wie Rohrpost durch Rohre gejagt, die Teller kriechen aus der Küche ins Esszimmer. Alles ist wohl durchdacht, sogar die Eimer. Alles ist makellos und unvorstellbar langweilig.

(1962)

## Es fällt uns nichts mehr ein
*Ernst Bloch*

Je länger, je deutlicher tritt als Inschrift über dem Bauhaus und dem, was damit zusammenhängt, die Devise hervor: Hurra, es fällt uns nichts mehr ein. Wo ein Lebenszuschnitt so verworfen ist wie der spätbürgerliche, kann eine bloße Baureform nur erreichen, nicht mehr verhüllt, sondern dezidiert seelenlos zu sein. Das ist der Effekt, sobald zwischen Plüsch und Stahlsessel, zwischen Postämtern in Renaissance und Eierkisten kein Drittes mehr in die Phantasie greift. Der Effekt ist desto erkältender, als er nichts Schlupfwinkliges, sondern nur Lichtkitsch an sich hat; mag auch, wie unbestreitbar, sein Anfang noch so sauber, nämlich staubsaugerisch gemeint gewesen sein. (…)

Seit über einer Generation steht darum dieses Stahlmöbel-, Betonkuben-, Flachdach-Wesen geschichtslos da, hochmodern und langweilig, scheinbar kühn und echt trivial, voll Hass gegen die Floskel angeblich jedes Ornaments und doch mehr im Schema festgerannt, als je eine Stilkopie im schlimmen neunzehnten Jahrhundert.

(um 1940)

Der Liliputbahn im Freigelände entsprechen die Eigenheime – winzige Dinger, in die man aber bequem hineinschlüpfen kann. Sie sitzen wie angegossen und enthalten auch für Minderbemittelte den statistisch notwendigen Raum zum Atmen und Leben. Eine Puppenküche ist darin, ein Schlafzimmerchen zum Ablegen der müden Glieder, eine Wohnstube und eine Veranda, die für eine große Kaffeekanne mit mehreren Tassen reicht. Dass die verschiedenen Räumlichkeiten sich nicht gegenseitig die Quadratzentimeter streitig machen, ist entschieden ein Werk der Zauberei!
Siegfried Kracauer (1931)

## MARKTSCHREIERISCH
*Carl von Ossietzky*

Wenn Architektur heute überall nach schmuckloser Zweckmäßigkeit strebt, so hat es eine gewisse neuberliner Baukunst doch fertig gebracht, selbst das Schlichte pampig zu machen, selbst die Einfachheit marktschreierisch oder erdrückend. Trittst du in einen solchen Raum, so brüllt zunächst die Wand dich an: »Sieh her, ich bin echtes Rosenholz! Ich bin diskret, ich bin distinguiert, ich brauche gar kein Ornament und koste daher zehnmal so viel!«, und fällt dir krachend auf den Kopf. Du fasst nach dem Treppengeländer, und spinös abweisend klingt es: »Aluminium!« Auf dem Tisch: echtes Kristall, echtes Silber, echtes Rosenthaler Porzellan. Alles bestes Material, alles echt. Nur die Gäste sind nicht echt, denn die meisten davon können es sich nicht leisten.

(1930)

Moderne Architekten: Er richtete
*ihr die Wohnung ziemlich teuer ein,*
*damit sie bequem lebe? Er richtete*
*ihr die Wohnung ziemlich teuer ein,*
*damit er bequem lebe!*
PETER ALTENBERG (1911)

## DAS SCHÖNE UND DAS NÜTZLICHE
*Bertolt Brecht*

Der große Architekt Len-ti stellte ein neues Schönheitsideal auf. Er erklärte das Nützliche für schön. Als die Stadt Ko-ha Wohnungen für Arbeiter baute, wandte sie sich an ihn und er baute Häuser ohne Zierrat, in welchen für alle Bedürfnisse der Wohnenden gesorgt war. Die Arbeiter zogen ein und bald erfuhr Len-ti, dass sie sehr unzufrieden mit seinen Wohnungen waren. Sie waren ihnen nicht schön genug. Aber sie sind schön, rief Len-ti geärgert aus. Sie sind gebaut nach dem Vorbild eurer Maschinen, welche ich die schönsten Dinge finde, die ich gesehen habe. Und sie sind nützlich und mein Gedanke war: Die nützlichsten Wohnungen für die nützlichsten Menschen. Die Arbeiter sagten: In den Fabriken, in denen wir arbeiten, ist alles praktisch, es gibt dort nichts Unnützliches. Wir selber werden nur so weit gebraucht, als wir nützlich sind. Wir haben einen Abscheu vor dem nur Nützlichen. Die Maschine, welche unser Leben frisst, ist aus Metall und Glas gebaut, und da baust du uns auch noch unsere Möbel aus Metall und Glas. Gerade so gut könntest du einem Kuli, der beim Kahnschleppen mit Lederpeitschen gepeitscht wird, Stühle anbieten, deren Sitze aus Lederriemen geflochten sind. Vielleicht ist wirklich schön, was nützlich ist, aber dann sind unsere Maschinen nicht schön, denn sie sind für uns nicht nützlich. Aber, rief Len-ti schmerzvoll, sie könnten doch nützlich sein. Ja, sagten die Arbeiter, deine Wohnungen könnten auch schön sein, aber sie sind es nicht.

(1934/1940)

## KASTEN MIT KLEINWOHNUNGEN
*Alfred Kantorowicz*

Am vergangenen Sonntag führte mich Henselmann durch das von ihm entworfene, nun im Rohbau fertige Hochhaus an der Weberwiese. Es ist ein Haus, nehmt alles nur in allem – ich habe bessere seinesgleichen gesehen. Ein rechteckiger, achtstöckiger Kasten mit Kleinwohnungen, die zum Teil bauliche Mängel haben. Ich würde ungern dort wohnen; die bis fast an den Fußboden gezogenen Fenster im achten Stockwerk machen mir Schwindel; man hat das Gefühl, dass man eines Tages oder Nachts unbedacht durch sie hindurch treten könnte. Doch mag es hingehen. Es ist ein Wohnhaus. Der lärmenden Publicity zufolge, die seit Monaten die Erbauung dieses Hauses begleitet, hätte man ein Wunderwerk, eine nie zuvor da gewesene Schöpfung der ›sozialistischen‹ Architektur erwarten müssen. Der arme Henselmann scheint selber in den Bann des Propagandageschreis geraten zu sein – vielleicht aus Selbstschutz. Er machte nicht einmal Witze über den Kasten, den er nach Vorschrift unseres alle Künste, besonders die Baukunst patronisierenden Medici aus der Leipziger Vorstadt ausgeführt hat. Ihm war an meiner Zustimmung gelegen; sie wurde mir schwer, das Äußerste, was ich für ihn tun konnte, war verlegenes Schweigen, denn ich würde meine solide Altbauwohnung in der Westerlandstraße nicht freiwillig mit der repräsentativen Etage dieses Prunkstücks unserer neuen Wohnkultur vertauschen.

Dass doch alles bei uns bramarbasierend vor sich gehen muss – der Bau eines Wohnhauses ein ›bahnbrechendes‹ Ereignis! Auch anderswo in der Welt baut man Häuser und Siedlungen, mehr Häuser, bessere Häuser, ohne dass wer danach fragt, bis auf die Mieter. Bei uns aber muss der Bau eines Miethauses von einem Getöse begleitet werden, als sei damit eine neue Epoche der Baukunst, der Städteplanung angebrochen.

(1961)

## Barbarischer Zugriff
*Theodor W. Adorno*

Die Zukunft von Sachlichkeit ist nur dann eine der Freiheit, wenn sie des barbarischen Zugriffs sich entledigt: nicht länger den Menschen, deren Bedürfnisse sie zu ihrem Maßstab erklärt, durch spitze Kanten, karg kalkulierte Zimmer, Treppen und Ähnliches sadistische Stöße versetzt. Fast jeder Verbraucher wird das Unpraktische des erbarmungslos Praktischen an seinem Leib schmerzlich gespürt haben; daher der Argwohn, was dem Stil absagt, sei bewusstlos selber einer. (…)

Die lebendigen Menschen, noch die zurück gebliebensten und konventionell befangensten, haben ein Recht auf die Erfüllung ihrer sei's auch falschen Bedürfnisse. Setzt der Gedanke an das wahre, objektive Bedürfnis sich rücksichtslos über das subjektive hinweg, so schlägt er, wie von je die volonté générale gegen die volonté de tous, in brutale Unterdrückung um. Sogar im falschen Bedürfnis der Lebendigen regt sich etwas von Freiheit; das, was die ökonomische Theorie einmal Gebrauchswert gegenüber dem abstrakten Tauschwert nannte. Ihnen erscheint die legitime Architektur notwendig als ihr Feind, weil sie ihnen vorenthält, was sie, so und nicht anders beschaffen, wollen und sogar brauchen.

(1967)

Nun ja, *dafür sind wir mexikanischen*
*Architekten schon als Studenten berühmt, wissen*
*Sie: Wir sind die elegantesten, schneidigsten,*
*geselligsten (eine berufsbedingte Angewohnheit,*
*eine aus der Not geborene Tugend, was wollen*
*Sie?) und ganz gewiss die gebildetsten Leute.*
*Der Meister hat recht: Nur ein Schritt trennt*
*uns vom Künstler, unglücklicherweise aber bringt*
*uns ein anderer Schritt, der sich viel schwerer*
*vermeiden lässt, in die Nähe des Bauarbeiters.*
Carlos Fuentes (1996)

## Siedlung Kunterbunt
*Gisela Elsner*

Obwohl Lerchenau zu Beginn der Sechziger-Jahre innerhalb von kürzester Zeit förmlich aus dem Erdboden gestampft worden war, ließ sich noch jetzt, zwei Jahrzehnte später, rund gerechnet, klar erkennen, dass die Planer und Entwerfer dieses Stadtteils im Süden von M. ihre Aufgabe seinerzeit keineswegs auf die leichte Schulter genommen hatten. Vielmehr war ihr damaliges Unterfangen durchaus einem Feldzug gegen die Monotonie vergleichbar, die den hierzulande in der Nachkriegszeit entstandenen Wohnvierteln nahezu ausnahmslos eigen ist. Vorrangig auf Abwechslungsreichtum und Vielfalt bedacht oder, besser gesagt, auf das, was man gemeinhin als ein buntes Straßenbild bezeichnet, hatten sie manches Risiko im Hinblick auf die Harmonie in Kauf genommen. So wiesen die verschiedenen Wohnblöcke zumal am Rand von Lerchenau nicht nur außerordentlich unterschiedliche Höhen auf. Sie waren zudem allesamt und sonders in verschiedenen, nicht immer gerade gediegenen Farbtönen gestrichen. Es gab zum Beispiel einen quittengelben Wohnblock, der auf eine ebenso ungute Art und Weise ins Auge stach wie ein knallig azurblauer Wohnblock, dessen Anstrich vor allem an wolkenlosen Sommertagen, gelinde gesagt, überaus fragwürdig wirkte.
(1984)

## NEW YORK
*Umberto Eco*

Die Gegend von Wall Street in New York besteht aus Wolkenkratzern, neugotischen Kathedralen, antikisierenden Tempeln und Grundstrukturen in Würfelform. Ihre Erbauer waren nicht weniger kühn als die Ringings und Hearsts, man findet hier sogar einen Palazzo Strozzi, Sitz der Reserve Bank of New York, komplett mit Bossenquadern und allem. Errichtet 1924 aus »Indian limestone and Ohio sandstone«, beginnt er unten wie in Florenz, beendet die Renaissance-Imitation korrekt nach der zweiten Etage, geht weiter mit acht Phantasie-Etagen, krönt sie mit einem welfischen Zinnenkranz und beginnt dann erneut als Wolkenkratzer. Dennoch wirkt das Ganze nicht störend, denn die Südspitze von Manhattan ist ein Meisterwerk an lebendiger Architektur, bizarr wie das untere Zahngehege der Cowboy-Kathy, Wolkenkratzer und gotische Kathedralen bilden hier miteinander, was man »die größte steinerne Jam Session in der Geschichte der Menschheit« genannt hat. Auf der anderen Seite erscheinen hier auch das Gotische und das Neoklassische nicht als gesuchte Effekte, sondern als originärer Ausdruck des Revival-Bewusstseins der Zeit, in der sie errichtet wurden – und somit sind sie nicht falsch, jedenfalls nicht falscher als die Madeleine in Paris, und nicht unglaubwürdiger als die Mole Antonelliana in Turin. Alles ist hier in eine längst homogen gewordene Stadtlandschaft integriert, denn die wahren Städte sind jene, die auch das architektonisch Hässliche urbanistisch erlösen.

(1977)

Selten bewohnt der Architekt ein Haus,
*das er selbst gebaut. – Er gleicht dem*
*modernen Philosophen.*
LUDWIG BÖRNE (1828)

## LEICHT VERBOGENE WURST
*Alfred Lichtwark*

Van de Velde hat etwas vom Fanatiker. Die Linie ist Gott und er ist sein Prophet. Er wird von der Gotik herkommen. Jede Selbstbeschränkung und Absperrung muß naturgemäß zum Fanatismus führen, denn ohne diese Kraft ist es unmöglich, eine ganze Welt zu regieren.

Als ich mir in der dritten Etage die Zimmer und Säle van de Veldes ansah, kam er selber herein. Es war mir sehr willkommen, seine Erklärung zu hören. Es war ein Hymnus auf die Linie, seine Linie. Man müsse sie fühlen, er könne nicht leben und arbeiten in einem Raum, der ihm nicht an Möbeln und Wandschmuck die Anregung seines Linienspiels gäbe. Zum Beispiel vermöchte er es nicht, sich an einen Schreibtisch in der üblichen vierkantigen Form zu setzen. Er wisse im Voraus, es fiele ihm nichts daran ein. Der Schreibtisch müsse Arme nach ihm ausstrecken.

So hat er ihm denn auch eine neue Form gegeben, im Grundriß etwa einer gedrungenen, leicht gebogenen Wurst gleich. Der Stuhl steht vor dem Hohlraum. Da sich diese Form der leider durch kein Linienspiel abzustellenden Kubusform des Zimmers nicht anschmiegt, muß der Schreibtisch in der Mitte des Raumes stehen. Unbehaglicheres kann ich mir nicht denken.

(1900)

## WIE AUS EINER ANDEREN WELT
*Philip Kerr*


Die dreieckförmige Glaskonstruktion, die Richardsons Atelier und
die Verwaltungsbüros beherbergte, war von ihm selbst entworfen,
und ihr Bau hatte 21 Millionen Dollar gekostet. Zwischen den riesigen Plakatwänden voll von verblichenem Hollywood-Glanz, die
das Grundstück umgaben, ragte das Gebäude wie der Bug eines ul-
tramodernen und extrem teuren Motorboots in die Luft. Das nach
Osten in Richtung Hollywood ausgerichtete Gebäude mit den ge-
tönten Glasscheiben, die es im Norden gegen die Straße abschirm-
ten, fügte sich keinem identifizierbaren Baumuster der Stadt ein.
Wenigstens dann nicht, wenn man den Eklektizismus, der für die
meisten Gebäude in Los Angeles typisch ist, überhaupt für ein Baumuster irgendeiner Art hält. Genau wie seine anderen Gebäude in
der Stadt wirkte es irgendwie fehl am Platz. Man hätte es eher für
europäisch als für amerikanisch gehalten. Vielleicht wirkte es auch
nur wie etwas, das gerade erst aus einer anderen Welt gelandet ist.
(1996)


*Sie hätte es sich entschieden verbeten, wenn Szépregyi
gewagt hätte, das Wort »Funktion« vor ihr in den
Mund zu nehmen. Ohne zu ahnen, dass damit ein
hochprogrammatisches Stichwort gefallen war, das
nur bedingt praktische Bedeutung besaß, hätte sie ihm
vorgehalten, dass es in seinen Häusern aus allen Ritzen
zog, dass man jeden Husten durch das ganze Haus hörte,
dass seine Zimmer im Sommer zu heiß und im Winter
zu kalt waren, dass man in seinen winzigen Küchen
kaum eine Büchse öffnen konnte und dass man, um ein
Bild aufzuhängen, einen Schlagbohrer benötigte, um den
Nagel in die Betonwände zu treiben.*
MARTIN MOSEBACH (1992)

## LEERE RÄUME
*Peter Stamm*

Ich fuhr den Wagen ins Parkhaus und ging hinüber in die Check-in-Halle. Ich war seit der Eröffnung des neuen Flughafens schon ein paar Mal von hier abgeflogen, aber zum ersten Mal fiel mir die Hässlichkeit des Gebäudes auf, das ohne jedes menschliche Maß gebaut zu sein schien. Die wenigen Passagiere, die um diese Zeit hier unterwegs waren, verloren sich in den leeren Räumen. Sie irrten nervös umher wie Ungeziefer, das vom Licht überrascht wird. Es war, als genüge die Halle sich selbst, als sei ihr einziger Zweck, die eigene Größe zu feiern.

(2009)

# Am Pranger

## PRINZ CHARLES UND DIE PHILOSOPHEN
### *Ursula Muscheler*

Prinz Charles war noch nie amused, wenn es um moderne Architektur ging. Mitte der 1980er Jahre polemisierte er gegen den Entwurf Richard Rogers' für die Erweiterung der National Gallery und verglich den Erweiterungsbau mit einem »Karbunkel im Gesicht eines lieben Freundes«. Er polemisierte so lange, bis Bauherr und Planer sich eines Besseren besannen.

Ende der 1980er Jahre kritisierte der Prinz in einer Rede vor ausgewähltem Publikum die tyrannische Hässlichkeit der modernen Architektur, die es schaffe, vor allem durch ihre frustrierende Banalität in Erinnerung zu bleiben. So verstellten etwa die Bürohochhäuser um St. Paul's die Kathedrale Wrens auf unerträgliche Weise. Man fühle sich in der Stadt wie in einem Museum, in dem eine Basketballmannschaft den Blick auf die Mona Lisa versperre. Die moderne Architektur richte größeren Schaden an als die deutsche Luftwaffe, die wenigstens nur Schutt zurückgelassen habe, während die Investoren und ihre Architekten London mit Türmen zustellten.

2009 bekämpfte der erfolgreiche Architekturkritiker einen weiteren Plan Richard Rogers', der in Chelsea, in unmittelbarer Nähe zu Christopher Wrens elegantem Hospital aus dem 17. Jahrhundert, auf dem fünf Hektar großen Gelände einer Kaserne ein neues Stadtquartier vorsah. Der Volksmund hatte die dichte Bebauung mit bis zu elfstöckigen Bauten aus Stahl und Glas bereits »Toaster« getauft.

Rogers – inzwischen zum Sir geadelt – und mit ihm namhafte Kollegen verbaten sich jede Einmischung des blaublütigen Laien in ihr Ressort und schlugen öffentlichkeitswirksam zurück. »Shut up or step down«, war eines Tages im linksliberalen *Guardian* zu lesen, »Halt den Mund oder tritt zurück.« Doch der Prinz wusste die öffentliche Meinung auf seiner Seite und ließ seine Beziehungen zum Bauherrn, der königlichen Familie von Katar, spielen. Es soll nun unter seiner Oberhoheit ein anderer Entwurf von einem anderen Architekten ausgearbeitet werden.

Prinz Charles' öffentliche Stellungnahmen in Sachen Architektur zeigen, wie tief der Graben zwischen den modernen Architekten und den Laien seit Mitscherlichs Klage über die Unwirtlichkeit der Städte geworden ist. Fordern die Architekten von den Laien, etwas für ihre Geschmacksbildung zu tun – Bauherr oder Kritiker dürfe eigentlich nur werden, wer die erforderlichen Mindeststandards einhalte –, verweisen die Laien gern auf ihr Selbstbestimmungsrecht und neuerdings auf Prinz Charles, der einmal lapidar feststellte, Architektur sei nicht schon deshalb gut, weil Architekten sie gut fänden.

Öffentliche Architektenschelte gehört mittlerweile nicht nur in England zum guten Ton. Immer mehr Persönlichkeiten des öffentlichen Lebens nehmen es auch bei uns gerne auf sich, die Welt zu retten, zumindest ein bisschen. Sie geben ihrer Betroffenheit beredten Ausdruck, gründen Bürgerinitiativen und starten Kampagnen gegen die modernistische Verunstaltung unserer Häuser und Städte. Kaum wurde bekannt, dass David Chipperfield den Zuschlag für das Eingangsgebäude der Berliner Museumsinsel bekommen hatte, hieß es, noch bevor seine Pläne bekannt waren: »Rettet die Museumsinsel!«

Vor allem die Medien haben die Nützlichkeit der Architektenschelte längst entdeckt, erhöht sie doch die Einschaltquote, zeugt von Bürgersinn und jenem Durchblick, der nun einmal den Herren und Damen Architekten selbst zu fehlen scheint. Am konsequentesten zelebrierte die öffentliche Schelte bislang der britische Fernsehsender Channel 4. Im Jahr 2006 strahlte er die Serie *Demolition* aus. Gesucht wurde in vier Folgen das hässlichste Gebäude Großbritanniens, die Siegprämie war der Abriss.

Geistig-moralische Unterstützung erfahren Prinz Charles und die Medien von einigen dem Zeitgeist nahe stehenden Philosophen. »Modernistische Vandalen« nennt Roger Scruton in *Städte zum Leben* die großen Architekten der Moderne von Le Corbusier bis Mies van der Rohe und ihre Nachfolger. »Monstrositäten« seien ihre Produkte, in denen niemand freiwillig leben wolle. Wunderbare Städte wie Paris gebe es nur deshalb noch, weil die modernen Architekten sich nicht darüber hergemacht hätten. Unmenschlich und totalitär sei es, »Menschen in Wohnsiedlungen zu schaufeln, Pläne für Industrie- und Gewerbegebiete aufzureißen und Schnellstraßen durch alte Stadtzentren zu schlagen«.

Wenn jugendliche Vandalen in der Banlieue von Paris nachts die Autos anzündeten, seien die vandalistischen Architekten daran schuld. Denn wolle man die Menschen besser machen, müsse man die Häuser und Städte verschönern, und für Scruton heißt das, zur klassischen Stadtbaukunst, dem jahrhundertealten Resultat von Konvention und Konsens, zurückzukehren.

Jüngst widmete sich auch Alain de Botton den Fragen der Baukunst. In *The Architecture of Happiness*, einem seiner beim Publikum so beliebten leseleichten Bücher, schreibt er: Er genieße die architektonischen Schönheiten seiner Heimatstadt Zürich, in der Kronenhalle fühle er sich besonders wohl. Und er fragt sich, warum das so ist und warum eigentlich so viele andere Orte auf der Welt so hässlich sind.

Alain de Botton macht sich die Antwort nicht leicht. Er ist nicht wie Scruton ein Verfechter klassischer Formen oder traditioneller Stadtbaukunst, so einfach ist für ihn die Welt nicht gestrickt. Er weiß, jede Gesellschaft hat die ihr gemäßen Architekten und Bauten, und nicht alles ist heute schlecht. Auch in der Moderne findet er begrüßenswerte Ansätze, die auf das Wesentliche guter Architektur verweisen: Den Menschen, die sich nach Ruhe sehnen, nach Harmonie und Ordnung, ein Heim zu geben, einen Zufluchtsort.

Jetzt will Alain de Botton, so hat er verlauten lassen, einmal selbst ein Exempel statuieren und mit aufgeschlossenen Architekten zusammen wahrhaft moderne Häuser bauen, in denen die der Harmonie bedürftigen Zeitgenossen sich zu Hause fühlen können. Man darf gespannt sein. Vielleicht gelingt es ja dem Philosophen, die Welt der Architektur nicht nur zu interpretieren, sondern auch zu verändern.

## Für Jedermanns Auge empörend
### Louis-Sébastien Mercier

Die ungeheuerliche, fünfzehn Fuß hohe und fast sieben Meilen im Umkreis messende Mauer, welche Paris demnächst ganz einschließen wird, sollte ursprünglich zwölf Millionen kosten. Da man aber von ihr zwei Millionen Einnahmen jährlich erhofft, ist es natürlich ein einträgliches Unternehmen. Was gibt es Besseres, als das Volk zahlen zu lassen, damit es noch mehr zahlt? Aber man kennt die Art, in der die Architekten rechnen, und Claude-Nicolas Ledoux hat in dieser Hinsicht bewiesen, dass er als der erste von allen gelten darf. (...)

Für jedermanns Auge empörend aber ist, wie man die Schlupfwinkel des Fiskus in Säulenpaläste verwandelt hat, die richtiggehende Festungen sind; Kolossalstatuen flankieren diese Bauwerke. Nach Passy zu sieht man eine, die in ihren Händen dem Ankommenden Ketten entgegenhält; es ist dies eine Personifizierung des Genius der Steuer mit seinen tatsächlichen Attributen. Wahrlich, Monsieur Ledoux, Sie sind ein schrecklicher Architekt!

Gegen diese Mauer hat sich ein einmütiger Protestruf erhoben. Dennoch wurde sie ohne Zwischenfall fertig gestellt, und schon erhebt man an den neuen Toren Gebühren. Die Architektur dieser Barrieren ist kubisch und kantig. In ihrem Stil liegt etwas Strenges, Bedrohliches.

(1784)

## KALKEINRÜHRER
*Victor Hugo*

Es ist schmerzlich, zu sehen, in was für Hände die Baukunst des Mittelalters gefallen ist und wie die Kalkeinrührer unserer Zeit die Überreste dieser großen Kunst behandeln. Es gereicht uns Einsichtigen sogar zur Schande, dass wir diesen Leuten zuschauen und uns damit begnügen, sie zu verhöhnen. (…)

All diese Maurer geben sich als Architekten aus, werden von der Stadtverwaltung oder von kleineren Herren besoldet und tragen grüne Gewänder. Allen Schaden, den der schlechte Geschmack dem guten antun kann, verüben sie.

Zur Zeit, da wir dies niederschreiben – welch jammervolles Bild! –, hält einer von ihnen die Tuilerien im Griff; einer von ihnen fügt Philibert Delorme mitten im Gesicht eine Schramme bei, und es gehört zum Empörendsten unserer Epoche, mitansehen zu müssen, wie unverschämt die plumpe Architektur dieses Herrn eine der zartgliedrigsten Renaissancefassaden verunstaltet.

(1831)

*Architekt zu sein gilt als respektabel. Aber mal ehrlich: Die meisten Architekten sind Versager. Sie bauen vermurkstes Zeug, und wenn sie damit nicht weiterkommen, gehen sie in die städtische Behörde.*
ULF ERDMANN ZIEGLER (2007)

## UNWIEDERBRINGLICH
*Nikolai Gogol*

Es stimmt mich immer traurig, wenn ich auf die neuen Gebäude schaue, die unaufhörlich errichtet, für die Millionen ausgegeben werden und von denen kaum eines des Betrachters Staunen
erregt und sein Auge auf sich zieht – sei es mit der Großartigkeit
der Zeichnung, sei es mit der eigenwilligen Kühnheit der Phantasie oder sogar mit der Üppigkeit und der blendenden Buntheit der
Schmuckelemente. Unwillkürlich drängt sich der Gedanke auf: Ist
das Zeitalter der Architektur denn unwiederbringlich dahin? Stellen sich denn Größe und Genialität nicht mehr bei uns ein? Oder
gehören sie nur den jungen Völkern, denen, die einzig von Enthusiasmus und Energie erfüllt sind und die einschläfernde, leiden-
schaftslose höhere Zivilisation nicht kennen?
(1833)

## VOLKES LAUNE
*Michael Georg Conrad*

»Soviel ist richtig«, bemerkte der Nürnberger Fabrikherr, »dass die drei letzten bayrischen Könige in ihren großartigen Bestrebungen, ihr München zur bedeutendsten Kunststadt in deutschen Landen zu erheben, nichts als Hemmnisse, Anfeindungen und boshafte Bemerkungen bei den eigenen altbajuwarischen Landeskindern gefunden haben. Der erste Ludwig hat München zur Kunstmetropole umgeschaffen – wider den Willen der Münchner, die bekanntlich nicht müde wurden, seine Bauten, seine Baukünstler und Maler auf das Schlimmste zu glossieren. Max der Zweite berief norddeutsche Gelehrte und Dichter, um den bayrischen Schul- und Literaturgeist aufzufrischen – und wie krumm wurden ihm diese Berufungen der viel befehdeten »Nordlichter« genommen! Wie vom ersten Ludwig der Künstler-, so datiert vom zweiten Max der Gelehrsamkeits- und Literaturruf Münchens  was würde ohne sie das alte München in der mächtig fortgeschrittenen Welt des Geistes von heute bedeuten? Ludwig II. wollte in seinem genialen Jugendenthusiasmus München zu einem Weltwunder der musikdramatischen Kunst gestalten – die Münchner haben ihm das gründlich verleidet. Man lese doch einmal die Schmutzliteratur nach, die damals produziert wurde zum Entsetzen des jungen idealen Monarchen, der mit großartigst begabten Künstlern wie Richard Wagner und Gottfried Semper den Verkehr abbrechen und seine Pläne scheitern lassen musste, um das gute Münchner Volk zu anständiger Laune zurückzuführen!«
(1886)

## OFFENE KRITIK DRINGEND ERFORDERLICH
*Siegfried Kracauer*

Die Fassade des Vorbaus mit ihren ionischen Säulen, ihren schablonenhaften Gesimsen und Balustern ist noch ganz das übliche hohle Klischee, wie wir es aus der Wilhelminischen Zeit her zur Genüge kennen, und entspricht in ihrer Unsachlichkeit in keiner Weise dem Bestimmungszweck der hinter ihr liegenden Räume. Eine kaum minder ungefühlte architektonische Behandlung hat auch das mit Recht einfach gehaltene Innere erfahren. Hier offen Kritik zu üben, ist dringend erforderlich, denn wenn man über dergleichen architektonische Unzulänglichkeiten immer stillschweigend hinweg gleitet, darf man nicht erwarten, dass zukünftige Bauten einer befriedigenderen künstlerischen Lösung entgegengehen.

(1921)

G*egenüber der Ecke Via Principe*
*Umberto und Via Moscova erhebt sich*
*ein Haus, das 1919 von Giovanni Muzio*
*errichtet wurde. Hier ließ sich der Architekt*
*nicht vom Unnützen inspirieren, sondern*
*von der Notwendigkeit leiten.*
*Ein finsteres, störrisches, unliebenswür-*
*diges Haus. Die Ecke ist abgestumpft,*
*um den wenigen, denen es gelingt, aus*
*dem Gefängnis der Not zu entweichen,*
*die Flucht zu erleichtern. Die Mailänder*
*bezeichnen es als ca' brütta, hässliches Haus.*
ALBERTO SAVINIO (1944)

## HEUCHELEIEN IN STEIN
*Stefan Heym*

»Ist dir denn nie aufgefallen, dass der Architekt gar nicht der Chef ist? Ein Dichter braucht nur einen Bogen Papier, ein Maler ein Stück Leinwand, der Musiker ein Klavier, oder wenn's hoch kommt ein Orchester – der Architekt aber, wenn er seine Ideen verwirklichen will, muss eine Organisation haben: Arbeiter, Land, Materialien, Maschinerie. Diese Organisation kostet wiederum Geld, viel Geld – hast du das Geld? Oder ich?«

Sie hatte ihn nie auf diese Weise sprechen hören. Die Einheit zwischen Künstler und Volk, im Sozialismus, war seine ständige Rede gewesen.

»Sie wollen Türme, Genosse Tolkening?«, fragte er, seine Stimme sich steigern. »Ich stelle Ihnen Türme hin. Die Behörden möchten, dass die Straße des Weltfriedens wie eine Kreuzung zwischen der Kremlmauer und dem Parthenon aussieht, mit ein paar Barockelementen dazu? Ich baue es Ihnen nach Ihren Wünschen ...«

Er wartete, dass sie etwas sagte; aber sie schien keine Worte zu finden, ihre Lippen zusammen gepresst, ihre Augen groß vor Kummer. »Und du machst mir Vorwürfe!«, sagte er wütend. Die Frustration seiner Jahre brach durch. »Warum untersuchst du nicht, wie ein Marxist es tun sollte, die Ursachen des schlechten Geschmacks unserer Bauherren? Schau dir das Leben an, das diese Menschen geführt haben, die Begrenzungen ihres Denkens, die Macht, die ihnen plötzlich in die Hände gefallen ist; stelle bitte fest, was ihren Sinn für Schönheit geformt hat, wenn sie überhaupt einen besitzen, und ihre Träume von dem Denkmal, das sie sich selber errichten möchten – und dann wirst du hoffentlich erkennen, dass die Straße des Weltfriedens noch erheblich schlimmer hätte ausfallen können, als sie geworden ist!«

»Aber das ist doch – das ist ...«

»Zynismus?« Er erhob sich und trat auf sie zu, fast drohend. »Vor langer Zeit habe auch ich angenommen, dass im Sozialismus die Ketten gebrochen wären, die den Architekten zwangen, Pyramiden zu bauen. Dann wurde mir klar, dass man nicht beides zugleich tun konnte, bauen, wie man bauen sollte, und essen, seinen architekto-

nischen Überzeugungen folgen und leben … Oder hätte ich meine
Städte aus Ton modellieren sollen, auf einem hölzernen Untersatz,
in einem sibirischen Straflager?«
   (1964)

E*r erhielt für seinen Entwurf einer
Bahnhofshalle für Klagenfurt einen
zweiten Preis. Der Entwurf wurde von der
Lokalpresse mit Hohn überschüttet und
gewährte dem Erfinder seinen bescheidenen
Anteil an jener Märtyrergloriole, die alle
ernsthaften Meister dieses Jahrhunderts zu
umglänzen hat. Die Kontroverse, die der
Entwurf auslöste, blieb für lange Zeit sein
wichtigster Erfolg.*
MARTIN MOSEBACH (1992)

## DER LAIE UND DER ARCHITEKT
### Max Frisch

*Laie:* Wir, die Laien also, sind es, die in den heutigen oder morgigen Städten wohnen müssen. Infolgedessen meine ich: Auch als Laie, ja gerade als Laie habe ich das Recht zu fragen, wie es mit unsren Stadtplanungen steht.

*Architekt:* Dieses Recht bestreitet Ihnen niemand, denke ich.

*Laie:* Meine Frage: Wie denken Sie sich, dass unsere Städte von morgen aussehen werden? Wird es dann noch lustig sein, in unseren Städten zu leben? Ich frage Sie als Fachmann, als Architekt: Was habt ihr im Sinn?

*Architekt:* Ich bin Architekt, ja – und Sie nennen sich einen Laien.

*Laie:* Was nicht ausschließt, dass einer denkt.

*Architekt:* Aber anders als der Fachmann. Das ist es! Schauen Sie mich an: – Ich bekomme einen Auftrag, dazu ein Grundstück, dessen Baufluchten meines Erachtens ein schlechter Witz sind, aber ein gesetzlich geschützter Witz. Was soll ich tun? Wenn ich kein Träumer bin, bleibt mir als Architekt nichts andres übrig: ich entwerfe im Rahmen der Gegebenheiten, ich baue nach den Vorschriften der herrschenden Bauordnungen, die bis zum Baubeginn nicht zu ändern, also hinzunehmen sind, gleichviel wie ich nun darüber denke. Wozu soll ich viel darüber denken! Ich muss ja bauen. Ich will ja bauen. Und je genauer ich alle Prämissen meines Auftrags kennenlerne, die rechtlichen, die ich nicht ändern kann, die menschlichen – gesetzt den Fall, mein Bauherr ist ein Parvenü, ein großzügiger Mann, aber ohne eigenes Urteil, dafür voll Bedürfnis zu imponieren mit Dingen, die ihm selbst imponiert haben –, umso klarer wird es, dass an eine architektonische Lösung, wie ich sie stets erträume, leider nicht zu denken ist. Wie oft, wenn ich vor meinen Baugruben stehe, erscheinen sie mir wie ein Grab!

*Laie:* Wieso denn?

*Architekt:* Einmal mehr begrabe ich die moderne Architektur, die Architektur, die ich für unsere Zukunft als notwendig erachte. Was hilft mir das Denken in die Zukunft? – Und mit der Zeit, sehen Sie, gewöhne ich mich natürlich daran, nur noch an die heutigen Möglichkeiten zu denken. Ich laufe Gefahr, die heutigen Gegebenheiten für endgültig und unabänderlich zu halten. Ich laufe Gefahr, sozusagen auf fachmännische Weise zu verdummen. Ich denke, aber ich denke nur noch innerhalb gewisser Grenzen, innerhalb der Konvention. Innerhalb dieser Grenzen, die ich aus meiner täglichen Erfahrung kenne, mag ich ein ideenreicher, ein tüchtiger, ein hervorragender Fachmann sein. Aber man kann sich fragen, ob der Fachmann, der tätige, berufen ist, Schöpfer der Zukunft zu sein. Mit anderen Worten: ob es wirklich die Sache der Architekten ist, unsere Städte von morgen zu entwerfen.

(1954)

A*ls Kind, ja als Kind lebte ich bei einem Baumeister. Er hatte eine schöne Bibliothek. Prächtige Bände über die Architektur mit vielen Bildern. Der Baumeister war königlich-preußischer Baurat in Masuren. Er baute Schulen, Forsthäuser, Dorfkirchen und träumte von Vitruv und Palladio.*
WOLFGANG KOEPPEN (1994)

## EIN GEWISSER BILDBERICHT
*Gisela Elsner*

Lerchenau zählte ohne Zweifel zu den besseren Vierteln von M. Daran hatte auch ein gewisser Bildbericht über Architektur und Städteplanung nichts geändert, der kürzlich in einer der größten Illustrierten des Landes erschienen war und die Mehrzahl der Bewohner von Lerchenau in eine Empörung versetzt hatte, die zumal in den Selbstbedienungsläden auch jetzt noch immer wieder aufflammte. Aus für sie unerfindlichen Gründen war Lerchenau in diesem Bildbericht nicht allein ganz unumwunden als ein steriles Wohngetto bezeichnet worden. Der Verfasser des Berichts hatte zudem die Atmosphäre, die hier nach seinem Dafürhalten herrschte, nicht anders als niederdrückend genannt und die Tatsache, dass in den Lerchenauer Apotheken überdurchschnittlich häufig Anti-Depressive erworben wurden, auf diese angeblich niederdrückende Atmosphäre zurückgeführt.

(1984)

B*auen heute? Die Fabrikation eines Massenartikels. Der Architekt heute? Zulieferer ohne Beziehung zur fertigen Ware. Sein Arbeitsethos: vorgegebene Kennziffern einhalten; sein Ehrgeiz: Zeichnungen termingerecht abliefern.*
BRIGITTE REIMANN

## AUFRUHR
### *Julian Barnes*

Der 1986 eröffnete Bau von Richard Rogers ist spektakulär und luxuriös: eine elegante Finanzfabrik mit dem zum damaligen Zeitpunkt größten Atrium Europas. Nach den Maximen High-Tech, Energieeinsparung und größtmögliche räumliche Flexibilität erbaut, ist es – genau wie das Beaubourg – eine nach außen gekehrte Konstruktion. (…)

Das Ergebnis führte erwartungsgemäß zu einem so genannten »Aufruhr«, der ebenso erwartungsgemäß offenbar darin bestand, dass ein paar fachlich nicht vorbelastete Journalisten über die moderne Architektur lamentierten und schwanzwedelnd dem Prinzen von Wales hinterher hechelten. Außerdem führte es zu ein, zwei recht guten Witzen. Lloyd's, so hieß es, habe in einem Kaffeehaus angefangen und sei in einer Espressomaschine gelandet. Lloyd's, so hieß es, sei das einzige Gebäude in London, bei dem die Eingeweide außen und die Arschlöcher innen säßen.

(1995)


Ärzte können ihre Fehler begraben,
*aber ein Architekt kann seinen Kunden*
*nur raten, Efeu zu pflanzen.*
GEORGE SAND (um 1840)

## Quellenhinweise

Adorno, Theodor W., *Ohne Leitbild. Parva Aesthetica*, Frankfurt/ Main 1967. Wir danken dem Suhrkamp Verlag für die Abdruckerlaubnis.

Alberti, Leon Battista, *Zehn Bücher über die Baukunst*, hg. v. Max Theuer, Darmstadt 1975

Altenberg, Peter, *Neues Altes*, Berlin 1911

Altenberg, Peter, *Vita ipsa*, Berlin 1918

Balzac, Honoré de, *Cäsar Birotteau, Werke*, Band 2, Wien/München/Basel 1961

Balzac, Honoré de, *Die Kleinbürger*, Band 1, Berlin 1924

Balzac, Honoré de, *Tante Lisbeth*, München 1958

Barnes, Julian, *Briefe aus London*, Reinbek bei Hamburg 1999.

Bellore, Giovanni Pietro, in: Georg Germann, *Einführung in die Geschichte der Architekturtheorie*, Darmstadt 1980

Bierbaum, Otto Julius, *Die Yankeedoodlefahrt und andre Reisegeschichten*, München 1910.

Bloch, Ernst, *Das Prinzip Hoffnung*, Band 2, Frankfurt/Main 1978. Wir danken dem Suhrkamp Verlag für die Abdruckerlaubnis.

Böll, Heinrich, *Billard um Halbzehn*, Köln 1959. Wir danken dem Verlag Kiepenheuer & Witsch für die Abdruckerlaubnis.

Bötticher, Georg, *Allerlei Schnick-Schnack*, Leipzig 1902

Brecht, Bertolt, *Lyrik und Logik, Gesammelte Werke*, Band 19, Frankfurt/Main 1967. Wir danken dem Suhrkamp Verlag für die Abdruckerlaubnis.

Brecht, Bertolt, *Was ist schön? Gesammelte Werke*, Band 12, Frankfurt/Main. Wir danken dem Suhrkamp Verlag für die Abdruckerlaubnis.

Burckhardt, Jacob, *Briefe an einen Architekten 1870-1889*, München 1913

Busch, Wilhelm, *Zu guter Letzt*, München 1904

Cicero, *Marcus Tullius Cicero an Bruder Quintus. Brieffragmente*, hg. v. Helmut Kasten, München 1965

Conrad, Michael Georg, *Die bayrische Königstragödie im Bürgerhause*, in: *Die Gesellschaft*, Band 2, München 1886

Conrad, Michael Georg, *Was die Isar rauscht. Münchener Roman,* Erster Band, Leipzig 1888

Dauthendey, Max, *Gedankengut aus meinen Wanderjahren,* München 1913

Dickens, Charles, *Leben und Abenteuer des Martin Chuzzlewit, Erster Band, Düsseldorf 1956*

Dickens, Charles, *Schwere Zeiten,* Stuttgart 1989

Dingelstedt, Franz von, *Die Amazone,* Zweiter Band, Stuttgart 1869

Doderer, Heimito von, *Die Dämonen. Nach der Chronik des Sektionsrates Geyrenhoff,* München 1956. Wir danken dem Verlag C.H. Beck für die Abdruckgenehmigung.

Eco, Umberto, *Über Gott und die Welt. Essays und Glossen,* München 1987. Wir danken dem Carl Hanser Verlag für die Abdruckgenehmigung.

Ehrenburg, Ilja, *Menschen Jahre Leben,* München 1962.

Elsner, Gisela, *Abseits,* Hamburg 1984. Wir danken für die Abdruckgenehmigung.

Enzensberger, Hans Magnus, *Ach Europa! Wahrnehmungen aus sieben Ländern,* Frankfurt/Main 1989. Wir danken dem Suhrkamp Verlag für die Abdruckgenehmigung.

Fontane, Theodor, *Erinnerungen. Ausgewählte Schriften und Kritiken,* Dritter Band, München 1975.

Fontane, Theodor, *Reisebilder. Wanderungen durch die Mark Brandenburg, Sämtliche Werke,* Band 11, München 1959–1975

Friedell, Egon, *Der verkleidete Dichter,* Berlin 1983

Frisch, Max, *Der Laie und der Architekt, Gesammelte Werke,* Band 3, Frankfurt/Main 1976. Wir danken dem Suhrkamp Verlag für die Abdruckerlaubnis.

Frisch, Max, *Stiller,* Frankfurt/Main 1954. Wir danken dem Suhrkamp Verlag für die Abdruckerlaubnis.

Fuentes, Carlos, *Constancia und andere Geschichten für Jungfrauen,* Reinbek bei Hamburg 1996

Gellius, Aulus, *Attische Nächte,* Leipzig 1987

Goethe, Johann Wolfgang von, *Ästhetische Schriften 1771-1805,* Frankfurt/Main 1998

Gogol, Nikolai Wassiljewitsch, *Die toten Seelen,* Stuttgart 1993

Gogol, Nikolai Wassiljewitsch, *Aufsätze und Briefe,* Berlin/Weimar 1977

Green, Julien, *Paris*, München 1985. Wir danken dem List Verlag für die Abdruckerlaubnis.

Gutzkow, Karl Friedrich, *Das Moderne, Schriften*, Band 1, Frankfurt/Main 1998

Handke, Peter, *Als das Wünschen noch geholfen hat*, Frankfurt/Main 1974. Wir danken dem Suhrkamp Verlag für die Abdruckerlaubnis.

Heym, Stefan, *Die Architekten*, München 2000. Wir danken dem Verlag C. Bertelsmann für die Abdruckerlaubnis.

Hoffmann, E.T.A., *Die Elixiere des Teufels, Werke*, Band 1, Frankfurt/Main 1967

Hugo, Victor, *Der Glöckner von Nôtre-Dame*, Zürich 1999

Kantorowicz, Alfred, *Deutsches Tagebuch*, Band 2, München 1961.

Kerr, Philip, *Game Over*, Reinbek bei Hamburg 2006

Koeppel, Matthias, *Starckdeutsch*. Berlin 1983. Wir danken dem Verlag Klaus Wagenbach für die Abdruckerlaubnis.

Koeppen, Wolfgang, *Ich bin gern in Venedig warum*, Frankfurt/Main 1994. Wir danken dem Suhrkamp Verlag für die Abdruckerlaubnis.

Kracauer, Siegfried, *Aufsätze 1927-1931*, Frankfurt/Main 1990. Wir danken dem Suhrkamp Verlag für die Abdruckerlaubnis.

Kracauer, Siegfried, *Frankfurter Turmhäuser. Ausgewählte Feuilletons 1906-30*, Zürich 1997

Kracauer, Siegfried, *Ginster, Schriften*, Band 7, Frankfurt/Main 1973. Wir danken dem Suhrkamp Verlag für die Abdruckerlaubnis.

Lewald, Fanny, *Von Geschlecht zu Geschlecht*, Erster Band, Berlin 1864

Lichtwark, Alfred, *Briefe an die Kommission für die Verwaltung der Kunsthalle*, Band 1, Hamburg 1924.

Martialis, Marcus Valerius, *Epigramme*, Zürich/Stuttgart 1957

Maupassant, Guy de, *Die Irrfahrten des Herrn de Maupassant. La vie errante*, Stuttgart 1967

Mercier, Louis-Sébastien, *Paris am Vorabend der Revolution*, Karlsruhe 1967

Montesquieu, Charles-Louis de, *Mes Pensées. Meine Gedanken,* hg.v. H. Ritter, München 2001. Wir danken dem Carl Hanser Verlag für die Abdruckerlaubnis.

Mosebach, Martin, *Westend*, München 2004. Wir danken dem Carl Hanser Verlag für die Abdruckerlaubnis.

Müller, Heiner, *Germania 3, Stücke 3,* Frankfurt/Main 2002. Wir danken dem Suhrkamp Verlag für die Abdruckerlaubnis.

Neruda, Jan, *Die Hunde von Konstantinopel. Reisebilder,* München 2007

Nietzsche, Friedrich, *Menschliches, Allzumenschliches. Ein Buch für freie Geister,* Werke 1, hg. v. Karl Schlechta, Frankfurt/Berlin/Wien 1976

Nietzsche, Friedrich, *Also sprach Zarathustra. Ein Buch für Alle und Keinen,* Werke 2, hg. v. Karl Schlechta, Frankfurt/Berlin/Wien 1976

Nooteboom, Cees, *Die Sohlen der Erinnerung, Die Zeit,* Nr. 49/1995

Ossietzky, Carl von, *Germania-Gourmenia, Sämtliche Schriften* 1929-1930, Reinbek bei Hamburg 1994.

Plinius der Jüngere, *Epistulae,* hrsg. Marion Giebel, Stuttgart 1999

Raabe, Wilhelm, *Meister Autor, Sämtliche Werke,* Band 11, Freiburg/Braunschweig 1956

Raimund, Ferdinand, *Der Verschwender, Ausgewählte Werke,* Wien 1954

Reimann, Brigitte, *Franziska Linkerhand,* Berlin 1998

Roth, Joseph, *Weihnachten moderner Junggesellen, Das journalistische Werk* 1924-1928, Köln 1988

Roth, Joseph, *Proletarisierung der Häuser, Das journalistische Werk* 1915-1923, Köln 1989

Saint-Simon, Louis de Rouvroy de, *Memoiren,* hrsg. S. Massenbach, Frankfurt/Main 1977

Savinio, Alberto, *Stadt, ich lausche deinem Herzen,* Frankfurt/Main 1989. Wir danken dem Suhrkamp Verlag für die Abdruckerlaubnis.

Scheerbart, Paul, *Münchhausen und Clarissa, Dichterische Hauptwerke,* Stuttgart 1962

Scheerbart, Paul, *Das graue Tuch und zehn Prozent Weiß. Ein Damenroman,* München 1986

Scheffler, Karl, *Der Dom,* in: Karl Scheffler, *Stilmeierei oder Neue Baukunst,* hg. v. Andreas Zeising, Berlin 2010

Schwitters, Kurt, *Urteile eines Laien über neue Architektur, Das literarische Werk,* Band 5, Köln 1998. Wir danken dem DuMont Verlag für die Abdruckerlaubnis.

Smollett, Tobias, *Humphry Clinkers Reise,* Zürich 1996

Stamm, Peter, *Sieben Jahre,* Frankfurt/Main 2009. Wir danken dem S. Fischer Verlag für die Abdruckerlaubnis.

Tacitus, Publius Cornelius, *Annalen*, hrsg. Walter Sontheimer, Stuttgart 1997

Tissot, Victor, *Reise in das Milliardenreich. Berlin und die Berliner*, Bern 1875

Tolstoj, Lew Nikolajewitsch, *Krieg und Frieden*, Frankfurt/Main 1996

Tucholsky, Kurt, *Das konservative Paris + Haus im Neubau, Gesamtausgabe*, Band 6, Reinbek bei Hamburg 2000.

Turgenjew, Iwan Sergejewitsch, *Aufzeichnungen eines Jägers*, Zürich 2004

Valentin, Karl, *Architekt Sachlich, Sämtliche Werke*, Band 2, München/Zürich 1994

Vasari, Giorgio, *Einführung in die Künste der Architektur, Bildhauerei und Malerei*, Berlin 2006. Wir danken dem Verlag Klaus Wagenbach für die Abdruckerlaubnis.

Waiblinger, Wilhelm, *Werke und Briefe*, Band 1, Stuttgart 1980

Weerth, Georg, *Humoristische Skizzen aus dem deutschen Handelsleben, Vergessene Texte*, Band 1, Köln 1975

Weiss, Peter, *Notizbücher 1971-1980*, Band 2, Frankfurt/Main 1981. Wir danken dem Suhrkamp Verlag für die Abdruckerlaubnis.

Ziegler, Ulf Erdmann, *Hamburger Hochbahn*, Göttingen 2007

Zwetajewa, Marina, *Die Begegnung*, in: *Russen in Berlin*, hg. v. Fritz Mierau, Leipzig 1987

Der Verlag hat sich, wo nötig, um die Abdruckgenehmigungen bemüht. Wir bitten die von uns nicht ermittelten Rechteinhaber, sich beim Verlag zu melden.

Ursula Muscheler, in Stuttgart promovierte Architektin, betreibt ein Architekturbüro in Düsseldorf. Gleichzeitig ist sie eine versierte Kennerin und Vermittlerin der Architekturgeschichte. Ihre letzten Veröffentlichungen: *Haus ohne Augenbrauen. Architekturgeschichten aus dem 20. Jahrhundert* (2007); *Die Nutzlosigkeit des Eiffelturms* (2008); *Sternstunden der Architektur. Von den Pyramiden bis zum Turmbau von Dubai* (2009)

Die schönsten, interessantesten Architekturkritiken hat
Andreas Zeising jetzt in einem schmalen, sorgfältig und liebevoll
gestalteten Band versammelt. Er folgt dabei nicht der Chronologie,
sondern der oft wiederholten Erzählung vom Weg der Modernen: von der
Ablehnung der »Hofkunst« über die begrüßte »Ankunft der Moderne« bis
zum Streit um das »Neue Berlin«, einschließlich kunsthistorischer Verge-
wisserung bei Schlüter, Schinkel und anderen. Zeisings vereindeutigende
Auswahl und Anordnung der Texte hat den großen Vorzug, dass auf
diese Weise der charaktervolle Kritiker erkennbar wird.
*Jens Bisky, Süddeutsche Zeitung*

144 Seiten, 37 Abbildungen, gebunden, ISBN 978-3-88747-246-7
**www.transit-verlag.de**